前　言

体验课属于体验式团体教育模式的一种，主要是根据新课改的三维目标，即知识与技能目标、过程与方法目标、情感态度与价值观目标，对教育教学过程进行科学、系统、全面的三维优化。三维优化包括教师理念与能力优化、学生理念与环境优化、教育方法与过程优化。在这3个维度中，把对教师的优化排在第一位，因为教师的身心和谐与职业幸福感决定着教育教学的成功。

本书中以生涯规划为主题的体验课堂和即时评课环节，就是以教师的教学活动优化和学生的体验提升为中心，辅以细节上的改善。这对习惯了传统课堂学习的学生们来说，是一种新奇而深刻的课堂方式；对习惯了照着书本念知识和解习题的教师来说，是一种快速提高教学能力的授课方式；对整个学校教育来说，是一种补充性质的、充满活力的，同时也是能调节师生身心健康状况的一种课堂形式。

学生生涯规划体验课，旨在让学生们通过参与主题性的活动，通过合作、冥想和交流等方式，认知到自己在梦想、个性、兴趣和价值观等方面的状态。从启蒙的状态开始，到逐步通过一些模式和工具试着做一些暂时层面的生涯规划，学生们需要这样有顺序、有系统的指导。

学生生涯规划体验课，除了让学生们在生涯规划的专业课堂中受益，更多的是想让教师在被评课和被质疑之后，能够在生涯规划的主题体验课中，意识到自身在知识、能力和态度等方面的不足，并且能够在今后的课堂实践中对课堂的技术、人和场进行深度的优化，在课堂的带领、语气、指导语的侧重点、教师的举止和对学生们的回应等细节方面也得到专业的提升与改良。

总之，学生生涯规划体验课的目的，就是要让学生和教师都能对生涯规划重视起来，也都能从课堂的投入和体验中得到心理上的成长，使自己在今后的学习、生活或者教学工作中得到更好的发展。

学生生涯规划体验课实录

韦志中◎著

西苑出版社
XIYUAN PUBLISHING HOUSE
·北京·

图书在版编目（CIP）数据

学生生涯规划体验课实录 / 韦志中著 . -- 北京：
西苑出版社，2020.5
ISBN 978-7-5151-0748-6

Ⅰ . ①学… Ⅱ . ①韦… Ⅲ . ①中小学生－学习方法－
教学研究②中小学生－职业选择－教学研究 Ⅳ .
① G632.46 ② G637.3

中国版本图书馆 CIP 数据核字 (2020) 第 062104 号

学生生涯规划体验课实录

XUESHENG SHENGYA GUIHUA TIYANKE SHILU

责任编辑　陶永学　刘　崴
封面设计　张合涛
出版发行　西苑出版社 XIYUAN PUBLISHING HOUSE
地　　址　北京市朝阳区和平街 11 区 37 号楼 邮政编码：100013
电　　话　010-88636419 E-mail：xiyuanpub@163.com
印　　刷　天津旭非印刷有限公司
经　　销　全国各地新华书店
开　　本　880mm×1230mm　1/32
字　　数　160 千字
印　　张　7.75
版　　次　2020 年 5 月第 1 版
印　　次　2020 年 6 月第 1 次印刷
书　　号　ISBN 978-7-5151-0748-6
定　　价　59.80 元

目录

CONTENTS

课堂三　认知价值观

课堂六　生涯规划蝴蝶模型

课堂一

生涯规划启蒙

背景介绍

（一）职业生涯规划的定义

职业生涯规划就是对职业生涯乃至人生进行持续的、系统的、计划的过程。一个完整的职业生涯规划由职业定位、目标设定和通道设计3个要素构成。

职业生涯规划也叫“职业规划”，在学术界人们也喜欢称为“生涯规划”，在有些地区，也有一些人喜欢用“人生规划”来称呼，表达的都是同样的内容。职业生涯设计是指个人与组织相结合，在对一个人职业生涯的主客观条件进行测定、分析、总结的基础上，对自己的兴趣、爱好、能力、特点进行综合分析与权衡，结合时代特点，根据自己的职业倾向，确定最佳的职业奋斗目标，并为实现这一目标做出行之有效的安排。

（二）小学生为什么要接受生涯规划启蒙教育

一个人一旦开始考虑自己的职业，就意味着个人的职业生涯从此开始。根据共性的原理，尽管每个人的职业发展具体形式是不同的，但具有共同规律。正是因为对这些共同规律的探讨，形成了公众认可的发展理论。对人的职业生涯发展阶段的研究是以人的整个生命阶段为基础的，因此人在入职前的阶段相当重要。

在职业初期，最重要的内容则是通过教育的手段来培养个体的职业理想和职业规划意识。

美国心理学博士格林豪斯的研究侧重于人在不同年龄阶段职业生涯所面临的主要任务，并以此为依据将职业生涯划分为5个阶段：职业准备阶段、进入组织阶段、职业生涯初期、职业生涯中期和职业生涯后期。其中的第一阶段，即职业准备阶段的典型年龄阶段是0～18岁，此阶段的主要任务是发展职业想象力，对职业进行评估和选择，接受必需的职业教育。此阶段提倡对个人的职业教育，包括对职业的想象力、职业的价值观和职业的选择能力的培养，且其所做的职业选择是个人职业的最初的方向。

由此可见，小学生处在格林豪斯的职业生涯规划5个阶段中的第一阶段，且小学阶段的学生处在6～12岁的年龄阶段，占这个发展阶段1/3的时间长度，这样大段的黄金时间，我们不能浪费，而是要从职业认知、职业想象力和职业价值观等方面做一些科普与启蒙，为今后学生们更加顺畅和系统化的职业规划打好坚实的基础。

在小学阶段进行生涯规划启蒙教育，不是说要让学生们马上确定今后人生的方向和职业，而是给他们一种规划的概念，让他们开始有意识地思考自己今后的路该往哪里走，可以是制定一些短期的规划，不一定要与具体的工作和职业有关，比如，一个学期看多少本课外书等这些学习上的规划。总之，小学阶段的生涯规划启蒙教育，旨在让学生们养成规划的习惯，为今后的自主成长打下坚实的基础。

（三）小学生接受生涯规划教育的可行性

小学阶段的生涯规划启蒙教育，就是运用积极心理学理念，让学生们想象以后的生活，在教师的引导中探索自己向往的生活，包括今后的游戏、学习、活动等方面，有意识地培养自己感兴趣的能力。比如，如果孩子日后想要做播音主持方面的工作，可以从小进行一些演讲、主持方面的培训与锻炼；如果孩子日后想要从事 IT 行业的工作，那么从小就可以进行编程、奥数、逻辑思维等方面的培训；如果孩子日后想要从事运动员、教练等与体育相关的工作，则可以从小加入相应的体育项目的兴趣班；如果孩子在音乐、舞蹈等艺术方面的兴趣浓厚，并且今后想要从事相关的职业，则可以通过从小学习乐器、声乐知识和各种舞蹈来进一步发展他们的兴趣与挖掘他们的潜力。

课堂实录

笔记栏

老师：同学们，都往后退一点，圈子围得大一点，这样坐下来位置会宽松一点，但是也不要太靠后了。大家好，我是韩老师。

学生们：韩老师好。

老师：我们声音再大一点，同学们好！

学生们：韩老师好！

老师：同学们想必已经看到，我们今天上课的形式跟以前不一样，大家猜猜看，这个圈子有利于同学们做什么呢？

学生 1：我觉得应该是做游戏。

老师：反正是让大家动起来的，好，那么你们现在的心情如何？

学生 2：激动。

学生 3：开心。

学生 4：激动。

老师：那么请大家参与进来，请看大屏幕，大家一起大声地朗读，全情投入……开始读！

学生们：全情投入、积极参与、彼此尊重、认真聆听。谁参与多，谁就收获大；谁表达多，谁分享得多，谁就成长得多！

老师：我们再来大声齐读一遍。希望大家一样地全情投入，现在开始！

契约式的纪律宣布，全班齐声朗读，使每个学生在团体中建立安全感。

……

老师：刚才大家使劲地读了最后一句话“谁参与多，谁就收获大；谁表达多，谁分享得多，谁就成长得多”，那么，我们今天就放开手脚，积极地表达自己的心声，全情投入之后，就会收获更多的快乐和更多的成长。

现在，我们先跟自己左右两边的同学握手，

互相鼓励一句“加油”！好的，现在我们开始做个活动，大家先听一下活动规则——男同学是绿叶，女同学是红花，同学们说春天到，老师会说百花开，同学们说开几朵？老师会出一个数字，开几朵花的意思就是要几个女生手拉着手围成一个小组，那么同学们再问几片绿叶，老师会回答多少片绿叶，有几片绿叶，那么这个组就至少有几个男生。这个游戏规则大家都听明白了吗？有没有不明白的？都明白了就好，那大家站起来，我看看谁参与得多，每个人都要积极地把自己融入群体当中。如果附近的人都已经组成一个小组了，你落了单，那是不是就要站在一个地方一动不动地等着？

学生 5：不是。

老师：那怎么办？

学生 5：抢。

老师：是把人家拽出来，还是自己去寻找机会？

学生 6：拽出来。

老师：这个就难了，也许人家抱得很紧，你拽不动呢？

学生 6：那就没办法了。

老师：没办法了吗？我相信肯定有办法。

学生 7：可以冲上去抱住别人。

老师：一种处理方式是拽人过来，还有一种处理方式就是投入另一个小组中，很棒！反正不要站着干等着别人来找你，而是要自己主动找个组织融入进去。大家回答得非常棒，也记得按照这个要求去做，主动寻找小组并且融入进去。那么我们现在开始，老师先给你们捋顺一遍——同学们说春天到，老师会说百花开，同学们说开几朵？老师会说有几朵花、几片绿叶。那么现在开始！

学生们：春天到。

老师：百花开。

学生们：开几朵？

老师：开 5 朵。

学生们：几片绿叶？

老师：3 片绿叶。开始组队！倒计时 5——4——3——2——1！停！没有组队成功的同学不要着急，只是说你们首次组队暂时没有成功，成功的小组请举手。好，大家不要回到原来站的位置，也不要往一块儿扎堆。组队成功的同学们到一边去，大家离他们远一点，不要弄混了，在这边拿小凳子坐下来围成一个圈。现在剩下的同学们就近围成一个圈，我们再组一次队。

此种分组方式的优势：注意了男女生的搭配分组。

学生们：春天到。

老师：百花开。

学生们：开几朵？

老师：开 3 朵。

学生们：几片绿叶？

老师：4 片绿叶。组队成功的，赶快找个地方拿小凳子坐下来围成一个圈。看看你们这边 4 个男生，再来 3 个女生到这里。大家抓紧时间组好队，然后每队围坐成一个圈。

学生：齐了。

老师：那么我们现在分组成功了，大家给自己鼓掌吧。现在各个小组选一个组长，组长要有能力带领组员们在接下来的活动中尽可能地有收获，并且在活动中要挑战成功，也要愿意为大家服务，还要与小组的成员齐心协力、团结共进地做活动。如果你有这样的信心和领导力，你就站起来，当老师喊 3——2——1 喊到 1 的时候，每个组要站起来一位同学当组长。倒计时 3——2——1！停！

每个组都有同学站起来了，非常棒，大家给他们鼓掌。接下来啊，同学们要做好准备，跟组长一起共同参与活动，取得最好的成绩，大家说好不好？

学生们：好。

老师：非常棒！组长们，请坐下。大家看大屏幕，我们一起读一下大屏幕上的这行字，小学生……预备……读！

学生们：小学生生涯规划启蒙——15 年后的自己。

老师：同学们，这就是今天在课堂上，老师要跟你们讨论的主题，大家看这上面显示的时间是？

学生们：15 年后。

老师：事件是什么？

学生们：小学生生涯规划。

老师：这是我们这堂课的主题和目标，让大家对自己的生涯有个规划。这个活动的设定就是——你们现在是同学，然后 15 年后的一天，你们又重逢了，那个时候你们差不多 27 岁或者 28 岁，你们已经大学毕业，可能工作也有好几年了，你们在不同的城市不同的岗位，周围是不同的同事和朋友。大家可以想象一下自己 15 年后的样子。然后很碰巧的是，现在这个小组的同学又聚在了一起，这是多么令人惊喜的场景。大家可以想象一下，那时候的我们都在从事什么样的工作，有着什么样的身份，我们的明确自己的目标，并为实现自己的目标查漏补缺。

在此技术中，我们不单单是设想自己未来的生活和工作，更多的是明确自己的前进方向。知道自己的短板在哪儿，知道自己需要在哪方面进行努力，然后活在当下，这才是此技术的最大优势所在。

精神状态和自我认知会是什么样的，我们又具备了哪些能力。所有的同学现在都已经按小组围成了圈，都坐稳了，不要挤太紧了，大家可以往后退一点，圈围得大一点会坐得舒服一点。请大家闭上眼睛，老师没有说睁开的时候就不要睁开，现在大家注意自己的呼吸，呼吸不要太用力，不能笑，保持安静，以免打扰到别人。闭着眼睛好好想一想自己15年后的样子，大家放松呼吸，随着我们的每次呼吸，从自然界中吸收了能量，让我们成长得更好。大家继续把注意力放在呼吸上面，在脑海中想象自己15年后的样子。问一问那时候从事的职业是不是自己一直想要从事的职业？希望自己那个时候具备哪些能力和本领？观察一下自己外表的变化，看一看自己的容貌和状态是不是随着岁月的流逝，也发生了一些改变？

如果我们在小学的时候，就有了自己的理想，就已经确定了自己的目标，就决定了要成为什么样的人，那么在今后的学习和生活中，就会一直向这个方向去努力，做自己想做的和擅长做的事，那么15年后的大家基本上都能实现自己的理想。那个时候，大家从事了自己擅长且喜欢的职业，工作做得非常开心，也都很满意自己的状态。那么现在，当你已经在脑海中看见了15年后的自己，请把你们的大拇指竖起来，让老师知道你们想到了。这个时候眼睛不能睁开，大家不要着急，我们都还很小，还有时间和机会成为我们想成为的那个人。现在，请大家把15年后自己的状态和样子都记住，然后慢慢地睁开眼睛。

接下来，在小组组长的带领下，请同学们向大家描绘出你们15年后再相逢的场景。在这个场景中，要表现出你们小组内成员的职业，大家可以策划一下，职业可以用任何形式表现出来，比如，唱歌、舞蹈、哑剧或者是诗歌等形式，自己直接说出来也行。或者，通过重聚后你与同学的交谈表达出来，比如说，我是你们小组的成员，我知道你的职业是医生或者教授，那么我见到你就会打趣道：“大教授，你今天也来了啊！”这样大家一听就知道了你的职业。当然，这只是老师的演示，大家可以根据具体的情况来进行表达。如果你不知道你同学的职业，可以根据他的神态、仪表、穿着或者举止来猜测他的职业，心中有了定论就可以表达出来——“我看你像一名教师”。

因为是15年后的第一次重逢，大家互相之

间可能对对方的职业不是那么了解，每个人都可以用自己喜欢的方式展现你们的职业，大家都明白了吗？各位组长，任务都明白了吗？你们说一说接下来大家要做什么。

学生们：要把每个人 15 年后所从事的职业展现出来。

情景表演时，学生们要弄清楚自己的角色特点，扮演过程中要注意情绪的变化，体会角色的感受。

老师：就是在 15 年后的某一天的某一个场所，这个场所我们不做约束，可以是在大街上，也可以是在会场上，甚至在商场或者学校都是可以的。大家明白了吗？还有没有疑问？

学生 8：就是假如他的工作是不一致的，怎么办？

老师：这位同学，你的问题是工作跟什么不一致？

学生 8：就是他的职业跟他所去的场所不一致。

老师：你是说如果某个人的职业与所去的场所不一致是吗？这个不要紧的，医生也要去饭店里面吃饭。我这样回答你，你就懂了，老师也不着急，你慢慢说。

学生 8：我不会组织语言了。

老师：嗯，举个例子，医生不一定非要在医院，他也可以去其他的场所。好的，这位同学，你先坐下。

待会儿在这个场景发生了什么事情，事情发生的顺序，如何表演由你们自己决定，组长明白了吗？有没有什么问题？现在给大家几分钟的时间讨论和排练一下。场内的所有道具你们都可以用，那里有纸、笔和报纸，大家创作的时间是 7 分钟，现在开始计时。你们需要整体表演，就像情景剧一样，你们这些老同学碰巧聚在一起了。大家赶紧商量 7 分钟的时间。每个人都要参与表演，一个也不能落下！

所有的形式都可以用，但是最后我们要评出哪一组最有创意。哑剧、雕塑等形式都可以用，大家一定要表演自己的职业，组长首先要了解小组成员们分别是什么职业。这位同学，你是什么职业？医生，好的。

展示的时间差不多要到了，现在，请这个组把凳子搬到旁边去，把中间的舞台让出来。哪组愿意第一个展示你们各自的职业？愿意的请举手，我们看谁最积极。你们这个组准备好了吗？第一个展示也是有好处的，这时候是大家注意力最集中的时候，第一个上场表演的组是最有信心的。如果大家都不主动站出来，那我就随机点一组最先进行分享了。那就这一组先来表演，

有条件的学校，教师可以准备一些简单的道具，可以让学生们的情景展示效果更好。

你们先到舞台中间来，这位组长，请你对着话筒介绍一下你们小组的同学们重逢时候的场景。

学生 9：在饭店里面。

老师：场景是在饭店里面，这一组请站好，入场的形式和人数都由你们自己设计，大家安静地认真看、认真听，看这一组同学在 15 年后重逢的场景。这组同学们，现在请开始你们组的表演。

学生 9：（旁白）15 年后的一天，两位教授来到了他们的小学同学开的一家餐厅里。

学生 10：这是两位大教授来我们餐厅了吗？

学生 14 和学生 15：哎呀，老同学啊，我们正好来吃个饭。

学生 9：（旁白）旁边还有两个人，一位地理学家，一位生物学家。

学生 11：我们正在讨论全球变暖的问题。

学生 10：地理学家，你对天气变暖情况怎么看？

学生 11：感觉变暖的速度还是处于正常水平，美国黄石火山近日又要喷发了，这对生物圈会产生一些影响，不过还是要问在座的这位生物学家了。

学生 12：如果黄石火山爆发，其附近的稀有生物就几乎要灭绝了。

学生 9：（旁白）然后 7 个人互相看着彼此，才发现都是多年未见的老同学。

老师：现在才发现是多年未见的老同学？

学生 9：其实已经发现了，他们 7 个人坐在这边，距离很近，看过所有人之后发现还都是一个小组内的成员。

老师：你们是来到一家餐馆里吃饭的？

学生 9：我们这 7 个人中，有两个人合伙开的一家餐馆。

老师：现在请大家站好，按照你们站着的顺序把自己的职业报一下。

学生 13：我是厨师。

学生 12：我是生物学家。

学生 11：我是地理学家。

学生 14：我是教授。

学生 15：我也是教授。

学生 16：我是兽医。

学生 9：我也是厨师。

老师：两位教授，一位给小动物治病的兽医，还有一位地理学家和一位生物学家，还有给大家提供美食的两位厨师。大家请为 15 年后的同学们鼓掌。好，有请下一组进行表演，刚

因为学生的个体差异，可能对某份职业的状况有一些失实的演绎，教师在分享的环节可以做一些澄清。

表演完的这一组，你们可以往旁边挪，把舞台让给下一组的同学们。

学生 17：要不要介绍我们组到底有着怎样的故事？

老师：不要介绍，直接表演。大家注意观看，看完马上要评选出最有创意的那一组。你们第二组，去拿话筒。

学生 17：聚会开始了。

学生 18：老乡，你现在混的连新衣服都买不起啊！

……

老师：看你们的情况，是一位老板来参加这次的同学聚会了。其他人的职业，我们都没看到。

学生 19：其实都是跟着老板一起投资的，也相当于都是老板。

老师：你们是老板聚会？那你们两个现在是什么身份？

学生 20：我是他的助理，工地上的助理。

老师：他是工地上的老板，你是他的助理。

学生 21：我在工地里做饭。

老师：你是他工地上的厨师？你们现在都跟着他做事吗？

学生 21：不是，我跟他不是同学，我就是他的助理。

老师：你们必须是同学，场景设定的就是 15 年后的同学相聚。这两位，一位是他的助理，一位是他的厨师，你们这几个人都是入了工程队的股了，也相当于是老板，大家鼓掌欢迎老板们。这一组 15 年后将会有这么多的老板，大家给他们加油，他们日后将会为我们的社会创造更多的财富，也能提供更多的就业机会。

现在谢谢你们，下面这一组的动作请快点，你们这一组谁要讲话，请拿着话筒，其他同学注意听，大家安静。

学生 22：今天聚会吧！

老师：好，大家看他们来聚会了。

学生 23：你们把家里都吃穷了吗？

学生 24：吃个饭，明天我就走了。听说你开饭店，所以我就来吃了。

老师：说清楚，让大家看明白表演。

学生 24：我现在是一名写书的作家，你们生活得挺好，我过来蹭蹭饭。

学生 23：还可以吧，也就那样，开个饭店挺操心的。

学生 24：你现在是在干吗呢？

在学生进行表演的过程中，教师要注意观察和记录其表现出彩的部分，作为小结时的点评依据。

学生 22：我在当记者，在附近采访，正好过来吃个饭。你现在是干吗的？

老师：我还没明白你是干什么的？

学生 25：为人民服务。

老师：为人民服务？大家工作都是在为人民服务，你在从事什么样的工作？

学生 25：警察。

老师：是人民警察，那继续！你们的职业都表演出来了吗？

学生 24：我是一名作家，还在志愿者协会做一些无偿的社区服务工作。

老师：你是作家，还是一名志愿者，这很不简单。同学们，我在这里听到了一个同学的职业目标，他的其中一个职业是志愿者，我们给他鼓掌。那么你的志愿工作是干什么的？

学生 24：帮助盲人。

老师：非常好，下面你们这一组把自己的职业都轮流报出来。

学生 26：我是画家，到处写生。

学生 22：我是记者，到处采访。

学生 25：我是警察，为人民服务。

学生 26：我是教师，传授学生们知识。

老师：你是教师，挺好。

学生 24：我是作家，写一些文章和书。

老师：写一些东西出来，挺好的。

学生 23：我是一个饭店的老板。

学生 27：我是盲人。

老师：你是盲人？盲人是一个职业吗？

当学生对问题有误读时，教师可以在分享的过程中做当面澄清。

15 年后你打算做一个无业游民吗？有的同学没有理解老师刚才说的设定条件，你们现在表演的是 15 年后同学再聚的场景，每个人都会有职业，我们现在的这个不是纯粹的表演，而是展示 15 年后自己的职业。那么，这位同学，老师再问你一遍，15 年后的你真的希望自己成为一个盲人吗？ 你现在想一想 15 年后你想做什么，说一说你内心想做的职业，或者讲一讲 15 年后你想成为的人。

学生 27：喜剧演员。

老师：好的，你想做喜剧演员给大家带来快乐，我们给她掌声。请这个组回到原位，下一个组上来展示。请大家保持安静，认真听、认真看。还有一件事，大家说话的时候，要对着话筒近一点说，这样大家才能听到你们交流的内容。我们继续看下一组。

学生 28：编剧，剧本写好了吗？

学生 29：写好了，你现在在干什么工作？

学生 28：我现在当教师了。

……

老师：你们组的表演还有吗？这么快就表演完了？你们扮演的都是自己以后想要从事的职业角色吗？

学生们：是的 。

老师：好的，大家给他们掌声，继续，下一组上来表演。动作快点！同学们请保持安静，认真看表演。话筒传过来给他们，有台词的同学拿着话筒离近一点，这样声音大一点。

学生 30：我要吃饭。

老师：你这句话是对谁讲的？你在什么场景下说要吃饭的？

学生 30：饭店。

老师：那饭店中，谁是服务员，谁是老板？你说要吃饭，接下来呢？谁说话谁就拿着话筒。

学生 31：你吃什么呢？

老师：你们吃饭都坐到一起了！老同学聚到一个饭店里来了，你们把自己的职业报一下。

学生 30：画家。

老师：好，下一个。

学生 31：我们 3 个是歌手。

老师：你们 3 个都是歌手？好的。

学生 32：游戏职业玩家。

老师：是游戏编程员吗？

学生 32：不是，是游戏职业玩家。

学生 33：我是厨师。

学生 34：我是饭店老板。

老师：好的，请你们回到自己的座位上去。在刚才重逢的场景中，你们就在一起坐着吃饭，然后互相报自己的职业，聊聊天联络联络感情。不过，老师有一些事情，在此要做一些说明，同学们可能还有人理解有误，以为是为表演而表演，有的同学好像不是扮演自己以后要从事的那个职业的从业者。大家应该还记得，我们刚才想象了自己 15 年后所从事的职业，相当于给自己的生涯做了一个萌芽式的初步的规划，有的同学也许会一直坚持自己这个最初的规划，有的同学则在成长和成熟的过程中，随着自己知识的积累和阅历的丰富，发现当初的规划不太适合自己，然后就会修正自己先前的规划，做出新的、更适合自己的职业规划。

也许有的同学想做公共汽车驾驶员，每天安全地把乘客带到他们的目的地，但可能在日复一日的工作中，你又会发现心里还装着诗和远方，那这个时候，可能这份职业就成了一种桎梏，所以规划不是一成不变的，每个人都在发展和成长，职业的规划更是会随着自己处于不同的阶段而调整，这都是很正常的现象。随着我们知识的更新，我们会有新的想要达成的目标，会对自己今后要成为的人有愈加深刻和清晰的规划，也许有的同学今天扮演的不是自己喜欢的职业的从业者，只是为表演而表演，但是这个规划未来的环节，已经在同学们的心里面种下了一颗种子——15 年后的大家肯定会成为比现在更好的人，希望大家在 15 年后有更多的本领。

现在请所有人站起来，围成一个圈，大家伸出手来，为所有人鼓掌加油。大家像老师这样把手伸出来，并用力鼓掌，给我们现在的伙伴们加油，祝愿他们在 15 年后能成为理想中的自己。

这位同学，他已经非常明确地知道自己 15 年后会成为什么样子，他觉得很开心，那么老师想问你，在 15 年后，你怎么那么成功？你有多喜欢 15 年后的自己呢？

学生 35：因为小时候一直想要成为这样的人。

老师：这是你的梦想，你一直奔着自己的梦想去了，对吗？

学生 35：对的。跟他们一样。

老师：所以说，如果一直坚持自己的梦想，为之努力，终究会实现自己的梦想。你 15 年后是做什么职业的？

学生 35：画家。

老师：画画很好，是自己的兴趣，做起来就会很开心，因为是自己感兴趣的事情。老师再来采访一下旁边的这位同学，以后你想成为什么样的人？

学生 36：想成为喜剧演员。

老师：好的，同学们，给自己再次鼓掌吧，都给 15 年后的自己加油！

课后督导

（一）不足与优化建议

1. 关于分组的优化

观察到目前为止，上面这堂课的开场分组没有更多的创新，教师要反思，要在技术上进行更加深入的探究。这几种方式都没有什么变化，从这个环节上就能看出教师的思维已经僵化了。这样下去，上十几堂课或者几十堂课，开场的环节永远都是那么几个，这样是没有进步的。

我们来谈一谈关于分组操作的优化。我发现不管是什么主题的体验课，教师们都会用十几分钟去分组，其中组长的获选感言每次都很长，每个组组长都要发表感言，教师们还要重读一遍他们的感言。一堂课也就 45 分钟，这种不太重要的环节，没有必要设置这么长的时间。所以可以看出，教师们都形成了一种流于形式的僵化状态。其实完全可以花很短的时间分好组，获选感言就省去，直接上主要的技术环节，这样就不会浪费时间在这些无用功上面了。不是为了分组而分组，教师们时时刻刻要跟着课堂的目的和主题开展活动。

每一堂课都分为 3 个阶段：开始阶段、工作阶段和整合阶段。那么一堂课 45 分钟，其开始阶段不可超过 10 分钟，开始阶段包括导课和引导，且最好在 5 分钟之内完成，只有严格遵守这种时间的设置，接下来的课堂才能详略得当地把后面重要的步骤实施到位，而且还要把前面这 5 分钟与后面的工作阶段完全地衔接起来，都是要为后面的工作服务的。从理论上来讲，动车与普通火车相比，是没有很长的助跑路段的，都是在很短的时间段内达到高速水平，那么同样的道理，高效率的体验课也不需要冗长的开始阶段，我们需要的是迅速开始并进入正题，这样一优化，其效率就会高很多。跳脱出这种僵化的思维模式，是不是每一堂课都需要分组和选出组长？有的环节可能还真的不需要。

2. 关于课堂时间和纪律方面的优化

其实在观摩整个课堂进度的过程中，我已经暗暗提醒过韩老师的时间问题了，想要让她及时对各个环节进行简化，抓住重点即可，以避免拖堂的现象产生。如果继续听之任之，可能时间到了，最后还剩一半的课堂内容没有完成。

接下来，我们探讨一下课堂中如何管理纪律的问题。课堂中，每个小组分享以后，教师要让同学们跟着屏幕的内容读，此刻却出现了讲小话的现象，教师已经提醒了好几次了：“注意听！认真读！”后面的时候，教师是用发出“嘘”的呼气声来提醒同学们保持安静的，但是这个效果并不好，还不如直接跟他们说：“同学们一排排坐好。”这样的话，一句话就解决了。

还有在前面小组表演的时候，同学们围成一个圈，因为要担心接下来自己组的表演，心思根本就不在那些表演组的人身上，也就是说他们那个时候已经没有太多的心思去欣赏其他组的同学们的表演了。为了避免他们讲小话，我们可以不坐成一个圈，而是让小组的成员按照竖列的形式朝着舞台坐下来，这样他们想讲小话，需要转过头去，这样子就比围坐一圈的时候要难，也就在一定程度上维持了一些课堂的秩序。在设置上做一些优化，比口头的制止要有效一些。

关于讨论过程中的时间设置问题。课堂中，教师给了大家7分钟时间去讨论和排练即将要表演的职业。这里的思考时间设置得有点长，如果做一些优化，先设置一个相对较短的时间段，以免同学们在漫长的时间中懈怠和无所事事。这7分钟的讨论效果确实是一塌糊涂，因为时间到了，却根本没有一个组准备好可以马上进行表演的，从这一点来看，就算是给 18 分钟也不一定能讨论出什么结果。

在这里优化的时间设置应该是：大家先做 3 分钟的讨论，3 分钟一到就要求他们站起来排练，不然一直讨论是没有什么出彩的点子的，同学们还小，可能还并不具有这种口头规划的能力，一定要让他们在动作和场景的排练中得到锻炼与启发。排练 2 分钟之后，马上倒计时，给予他们一种紧张感，知道时间的宝贵，这样既有效率，也能在一定程度上激发他们的创作能力。根据观察，觉得几分钟之后大多数的小组都完成得差不多了，就宣布时间到，然后让他们全部一排排安静地坐下。轮到哪个小组表演的时候，他们就可以直接上场了。

课堂中的教师临时的操作就是采取一个组长“剪刀石头布”决定出场顺序的方式，这其实也是一个控场的技术，让各小组在都不自愿上台的情况下，以运气决定必须表演的顺序。在表演的过程中，让其他组保持安静的方式除了对座位的摆放和朝向做一些改变，还可以将观看组明确地设置为观众，临时设置观众席，这样没有表演的同学们也会稍微注意一下自己作为台下观众的形象，不会太肆无忌惮地讲小话。课堂中同学们也是由于自始至终沉浸在小组成员的角色和即将表演的压力中，并未意识到，其实在观看表演的过程中，他们也是观众。如果教师将这一定位挑明，兴趣课堂的秩序会更好一些。

教师要有灵活而准确的控场能力，即为了维持课堂秩序，为了达到最好的表演效果，为了不耗费太多的时间在多余的环节中，就可以在一些进程中做详略得当的处理。比如，分组过于耗费时间，是不是就可以用 1 分钟的时间直接分成需要的几组？组长的获选感言是不是就可以直接略过？表演的时候是不是可以提前为同学们准备一些道具？时间不够用的话，是不是直接可以只挑有代表性的 3 组来表演就行？总之，课堂都是跟着教师的引导进行的，并不是僵化不变的，只要花心思，总会有能够优化的地方。

3. 教师要对职业进行解读

这里还发现一个问题，教师在同学们进行完表演后，总是会有意无意地重复同学们的台词，而不去做深入和升华性质的总结，也不会就这些职业的特征做一些解读。在技术的体验中，教师要把握机会，对教师奉献和学习的职业特点进行解读，对军人的意志坚定、顽强正义的职业特点进行解读，或者在表演之后，如果发现一些值得学习的点，就要及时提出来让大家观摩学习，比如说，大家认为怎么样站才是一个教师的样子，刚才的这位同学的站姿就很好。也可以就刚才的演绎中的一些问题提出看法：教师实际上不只会布置作业，课堂中的这位教师做到了。另外，我们也可以将不同的职业放在一起做一些比较，比如，比较教师和军人所需要具备的品格有什么不同，将一些职业人员的品格特点提炼出来，传达给同学们，改变他们对各种职业浮于表面的认知，让同学们意识到，一份职业不是只要能挣到钱就是好的职业，每一份职业，对这个岗位上的人们都是有其内在品格要求和能力要求的。这样一系列的引导之后，同学们对职业的认知就会更加深入，这样也就能体现出这些职业的价值，对这些职业的形象也是一个健康的塑造。

4. 关于体验式课堂中的澄清技术

在上面的课堂中，教师在开场中表达了这样一层意思：同学们，老师们，今天的体验课和以前完全不一样，我们是要表演和做游戏，请大家看大屏幕，大声地齐声朗读，同学们谁投入得多，谁就收获得多。这里的这个表述就是一种澄清，且这种澄清是很有必要的。

如果在体验式课堂中澄清课堂的意义价值、操作设置和运营特点等内容，那么课堂的参与者将会对整体有更深层次的把握。之前一直强调在课堂中的设置、动力、掌控和角色，但我们一直没说过澄清。澄清的价值在哪里呢？这个课堂里的澄清精髓就在于 8 个字：投入越多，收获越大。这一句澄清的话其实对这堂课中同学们的投入程度的影响是非常大的。教师们以后在课堂上可以尝试多做些澄清，有时候这种澄清更甚于体验课所要表现的核心内容。

5. 扩展孩子未来的职业空间

如果教师想要在生涯规划课上插科打诨混时间，其实是很容易混过去的。我们看课堂上第一组的表演：7 位老同学重聚首，其中就有两位教授。我们知道，一个人最后从事了一种职业，其背后的努力和选择都与自己的性格有关系，我们可以深挖这个职业所具备的特色。其实，在第一组表演完之后，教师就能解读一些职业背后隐藏的价值、特色等认知方面的东西，挑一些准备充分的小组表演即可，但是教师一定要注意认真观察，在每一组表演完之后都要进行认真的解读和说明，最好对各行各业做一个充分的功课准备，在大屏幕上用文字、图片、音频或者视频等方式展示出来。

在观看第二组同学表演老板之间互相攀比的同学会的时候，我听到教师有一句话说的是：“你现在跟他混，对吧？”这一句话风趣幽默且自然，也并没有什么不妥之处，只是让我颇为感慨：我们就应该扩大小学生的意识和眼界，扩大他们认知的圈子，那么这个生涯规划体验课最大的价值，可能就在于能扩展孩子对未来的想象空间和选择空间。同学们的未来本来就有着无限的空间，只要我们愿意帮助他们去开拓和发现。

我们的孩子受到家族长辈和周围环境中的熟人关于职业的影响都是很大的。有的孩子可能会想：我爹就是干这行的，以后我长大了也只能干这行了，我也只能到这个程度了！这个想法将他框进了这个坐井观天般的狭小天地之中。他所见识到的，全都是他的父辈们所传达的职业观念，这样可能会导致他的道路走得很窄。

所以，这个生涯规划教育，其目标一定要是能扩展同学们的视野、眼界和胸怀，除了让他们知道父辈传授的这些有关职业的见解和技艺，还要让他们知道其他很多职业背后的东西，甚至有必要的时候，还要让同学们在课余的时间去大量地阅读人物传记，理解那些成功人士的生活和工作历程。我之前做青少年心理辅导的时候，有一个环节设计的是带领那些高中学生读人物传记，限于时间的缘故，当时只做了几个人物传记的阅读分享。但是如果我们把这个阅读的行为放在课余时间，如果能让他们读100位名人的人物传记，那么，他们肯定就会知道自己想要成为什么样的人了。这一方面的培养就好像是要让同学们能够“读万卷书”，形成属于自己的系统的职业价值观，也形成对未来职业的一种期待和规划，锁定一个大概的职业方向。虽然是一种锁定，但也是观念开放的、目标动态的和不断更新的状态，这样就可以让每个孩子的未来都具有无限的可能性。

当各方面的教育都把对孩子的生涯规划重视起来，那么这种职业规划的教育与社会未来的发展状况也就有着密切的关系。当下正处于知识爆炸、科技日新月异、文化各美其美的一个时代，可能我们现在设想的未来状况还不一定就是未来的样子，因为变化太大了，什么都更迭得快，所有的周期都似乎变得更短、更高效、更科技化，但是只要我们的生涯规划是我们真正的理想化的未来就可以了。如果在自我提高的过程中，兴趣或者想法有所变动，我们的规划也可以随之改变，这是完全不冲突的，也不代表现在的憧憬就完全没有意义。

我不赞成父母们在小孩有了独立自主的意识和有独自做决定的能力的情况下，还在替他们做所有的决定，我希望父母们能带领孩子们，一起经过探索和规划，将事情的利弊都摊开在桌面上进行澄清之后，再由孩子做决定，而且是以不违背原则为基础的。当下的父母，可能有两类比较极端的亲子教育模式，第一种是忽视型的，就是放养孩子，百事不管，不过问他的学习、心情、社会交往等方面的情况，对孩子的关注程度远远不够，这样的父母是不太合格的；第二种是专断型的，不容孩子反驳，一切由家长决定，孩子做任何的事情都要一一报备，可能连私人的空间都不会有太多，更别提孩子为自己的未来职业做规划了，这种父母估计把自己孩子以后在哪个部门从事哪个岗位的工作都已经规定死了。

其实完全不必这么极端地对待自己的孩子，家长们只要相信他们，让他们自己去看、去探索就可以了，在一定范围内放手让他们自己做一些决定，其实小孩子比我们聪明通透多了。关心则乱，我们作为家长，千万不能因为我们内心的狭隘限制了自己的想象力，这样的束手束脚和小心翼翼，就不可能养出安全感十足、创造力超强和人格魅力超群的孩子。收起我们的担心和焦虑，不要让我们的孩子也像我们一样被限制，松开手，给孩子一个自由的职业规划空间。

（二）其他思考

1. 终身发展的人

我们人生的发展历程，从初进学堂到成人，这个阶段是认知快速发展和人格逐步成形的关键时期，当然，整个人类群体随着科学进步和文明发展，会提高自己对生活质量的追求。而且当下已经变成了终身制的发展，这也是与终身学习相呼应的发展潮流之一，这就意味着我们成人之后，一直到最后的老年阶段都处在学习和进步的过程中，社会对所有人在所有的阶段都有不同形式的教育与关注。比如，现今的中国社会，人口老龄化问题凸显，对老年人的心理关怀和临终关怀等社会服务工作也要得到重视。按照埃里克森的人格发展的八阶段论，老年人处在这 8 个阶段的“老年期”阶段，这一阶段的发展危机是“完美无缺”对“悲观绝望”。在这一阶段发展得顺利的人，其心理特征是随心所欲且安享晚年；而在这一阶段中发展存在障碍的人，其心理特征是悔恨旧事且消极失望。所以，老年人的完满感是很重要的，为了让人们在老年期尽量都拥有这种完满感，在开始的基础教育阶段，就要有一些大概方向上的规划，终身学习才能得到终身的发展。

同样，我们的生涯规划不只涉及了报考大学时对专业的选择阶段，也不只包括了大学毕业后走入社会找工作的阶段，还囊括了人的一生当中所有重要时刻的抉择。从某种程度上来说，这个生涯规划基本上预设了我们一生当中的幸福事件的大概状况，如果在小学阶段就能种下这样的种子，那么人生的发展就会充满方向感和掌控感。有些国家和地区，如新加坡、日本、中国台湾地区等，其基础教育中，从小学阶段开始就设有专门的生涯规划课程。早些年，我在一些心理学的会议上，接触到这些国家和地区的学者与教授，他们当中有的人一生都在致力于研究中小学生的生涯规划。

2. 认知各种职业的特点

小学生的职业教育课堂的目标是什么？我认为应该就是认知各种职业的特点。围绕这个目标，职业教育课堂的知识内容，可以包括各种职业的从业人员必备的条件、各种职业存在的重要性以及各种职业目前发展的前景，不夸大且不美化，将各行各业的真实现状用同学们能理解的文字表达出来，使同学们对社会有一个概括的掌握。但是看今天这堂课堂中同学们关于各行各业的表演，能发现他们对社会的了解还是很狭隘的，他们的了解基本上就停留在“大老板重逢攀比”之类的刻板印象里，这里也能反映出同学们的一些需要纠正的价值观。教师需要在生涯规划课上进行一些相关知识的科普，职业教育就是要扩展同学们对社会中形形色色的社会阶层、社会文化、职业现状的认知，可以以图片、文字和音像视频的形式多方呈现。

如果不扩展他们在这些方面的认知，那么他们真的就会是处在“龙生龙凤生凤，老鼠儿子会打洞”的自主摸索和模仿阶段，就会处于只知一方天地的状态中，只有开阔了视野，才会在千行百业中挑选出自己真正感兴趣的行业。同学们的未来如果仅限于亲友和学校的影响，其选择的可能性是很有限的，而生涯规划教育能使同学们形成正确的职业价值观，对他们未来的可能性的扩展就显得非常有意义。从对整个社会的长远影响来看，这门课程对人类生存和发展也颇具意义。大家想一想，我们今天有多少人都在得过且过、浑浑度日之中等着退休，而不是趁着年轻去做一些自己喜欢的事业，更不是在逐梦的路上创业，去闯出一番属于自己的天地。那么，在这样一系列社会状态的背后，实际上是社会中的很多人，其职业价值观出现了问题，或者说有很多人自始至终就没有想过怎样发挥自己的兴趣和特长，做自己真正想要去做的事业。

我本身不是做职业教育和生涯规划这方面的研究的，但我在做关于人的幸福心理研究和社会心态研究的时候，就察觉到一个避免和逃脱不了的领域，那就是职业教育。在社会上随机抽取 100 人，其中可能有大部分的人，都不怎么喜欢自己目前从事的职业，这个社会可能没有看上去那么幸福。那些北欧的发达国家，像芬兰、丹麦、挪威等国家，其高额的社会福利惠及全民，这些福利包括医疗、教育和生活等方面，被人称为“从摇篮到坟墓”式的福利待遇，如果按照我们的理解，是不是这些国家会有很多的无业游民？现实状况却是，北欧国家在“二战”后，国民人均收入水平飙升，国民经济呈现了爆炸式的增长，步入了发达国家之列，对于这些国家的人民，职业大多成为他们寻找自我和实现自我价值的自由选择，他们有较好的生活心态和像诗一样的生活方式，就像海子的诗里写的：“喂马劈柴，面朝大海，春暖花开。”

为了适应当下社会发展的新要求，我们作为教育工作者，需要向当下的同学们这一代传达正确的适应社会发展的职业价值观，他们在未来是中国的中流砥柱。他们才处于小学阶段，可能为建设国家、为民主自由、为中华民族伟大复兴这些比较抽象的宏伟使命他们还不懂，但是，即便单单只让他们明白，为了父母家人，为了自己的生命过得有意义，也能让同学们在其一生当中的奋斗意识启蒙阶段，在内心抱有方向感和目的感。由此看来，树立正确的职业价值观，对自己的生涯进行合理的规划，这些都是非常重要的。

社会上所有的职业，都没有好坏之分。从上面的课堂中，同学们对职业角色的演绎，我认为还是要对他们在职业认知上的一些偏差进行矫正，各行各业都有其存在的重要价值，但在这些同学们的心中，其实已经产生了些许不良的职业价值观。他们刚才在课堂活动中表现出来的样子，就是其在社会、家庭和学校等各方面的教育中，或明显性或暗示性地接收到的关于职业价值观的教育的结果。无论是在家庭教育中，还是在学校教育中，都应该含有一些关于职业生涯发展规划的教育，形式可以是言传身教，也可以是融进各学科教育的课堂里的，还可以是观摩体验某些职业的工作人员的体验课，因为这些教育内容，不仅仅是一门简单的课程，它能影响孩子的“三观”和人生规划，也能对其整个人生生涯发展进行一定程度的启蒙。

3. 生涯规划课的定位

到此为止，你可能就会理解生涯规划课的性质，它本质上不是心理健康课，可能形式上会有点像心理健康课，就如心理健康课像思想品德课但不是思想品德课一样的道理。生涯规划课的最终目标旨在将同学们培养成为能应对未来职业生涯挑战的、全面发展的人，自我发展和自主发展属于发展教育，所以生涯规划课属于发展教育课。从这个角度去审视生涯规划课的性质之后，再回过头去看上面那堂课，就会更加理解生涯规划课的意义和价值。生涯教育能引导学生根据自己的兴趣、爱好、特长以及对某种职业的向往和好感度，去初步地选择一种适合自己未来发展的职业，这是既定的选择，也可以在之后的学习和生活中对其进行调整。

4. 方式：学科教学、家庭教育和主题活动

接下来，我们探讨一下生涯规划教育需要通过哪些方式来进行。

其实生涯规划教育也是需要分阶段的。小学和初中加在一起的九年制义务教育阶段、高中阶段以及大学阶段，学生在这 3 个阶段中的思维方式、认知能力和生活阅历都不同，所以生涯规划教育也要根据同学们的发展状况来进行。生涯规划教育不是说用 45 分钟的时间，做一个主题的体验课就能收到很好的效果，我们要把它融进各学科教学的课堂之中，在系统、科学和全面的学科知识中给予学生相得益彰的生涯规划启蒙与引导。生涯规划教育应该渗透到各个学科中，这就是我们要坚持的原则。

另外，在家庭教育中也可以融入生涯规划教育和探索。就拿我之前做过的关于中国二十四节气心理养生的直播来说，从那一年的立春的节气开始，到最后一个大寒的节气结束，每个节气的那一天我都直播，只有两三次由于日程关系，可能不是当天直播，而这个二十四节气心理养生的直播，里面就融进了一些成人化的生涯规划教育的内容。比如，在立春节气那天的直播中，我们给所有听课的学员布置了一份家庭作业，即让家长们带着他们的孩子，在立春这天召开家庭会议，以规划接下来这一年家庭总的计划，每个人也要说一说自己这一年的工作或者学习目标。如果形成了这样一种习惯，那么整个家庭的成

员每年都要聚在一起，在年初的立春开一次家庭会议，时间一长就会形成很好的氛围。那么家长就会跟孩子探讨：你长大了想做什么？你今年的学习和生活目标是什么？被提问的孩子也会形成一种思考和规划的习惯，那么他的生涯规划教育的目标在无形当中就实现了，在家庭中进行这方面的教育是很有必要的。当然，可能只有少数的家长会有这种主动进行生涯规划教育的意识，这需要学校和教师在家长会上向家长们传达这方面的理念和方法，在家庭教育中，除了品德和学习方面的内容，对孩子未来的规划和探讨也要提上日程。

我们还可以让学生在主题活动中理解生涯规划。主题活动的形式是不定的，可以是课外活动、常规班会、主题班会、心理成长课等方式，教师在这些活动和会议中都可以有意识地围绕职业生涯规划去展开，至少我们的心理健康课里有几堂课是可以围绕这个主题去进行的，还可以在校本课程中进行生涯规划的价值观教育。那么，我们可以看一下在上面的课堂中，这位教师是如何在小学阶段切入这个主题中去的。如果给上面的这堂生涯规划体验课定一个性，那么可以说它还没有从心理健康教育课程中跳脱出来，去专注于生涯规划的主题，换句话说，就是以心理学的技术和活动，围绕着生涯规划的主题，让学生产生相关的体验和成长。所以，这堂课中的一些细节，还有需要优化的部分。第一个需要优化的部分，就是在课堂的性质上进行优化。那么课堂的性质从哪里体现出来？就体现在教师的课程设计的思路和教育理念方面，一旦这个课程的性质改变为生涯规划发展性的课程，这堂课程里的指导语、课堂目标、技术策略以及带领操作等的动力和掌控方面就都会发生变化。 课堂的性质是根本的方向性的问题，所以才会产生这么大的影响。

5. 生涯规划课的课程设置

聚沙成塔，如果我们在小学阶段只给学生上 3 堂专门的生涯规划课，初中和高中也都分别只有 3 堂这样的专门的课，那么在基础教育阶段就有了 9 堂课，再在大学阶段也进行 3 堂生涯规划课的教育，加起来就会有 12 堂课。如果小学、初中、高中和大学阶段各上 6 堂生涯规划课，那么就会有 24 堂课之多，这里面的效果就会更加明显了。况且这些只是专门的生涯规划课程，还不包括班会、心理成长课、思想政治课、主题活动课、学科知识课程中渗透和夹杂的关于职业规划的教育内容，再加上家庭教育之中家长对孩子们的启蒙和引导，这种多方面网状式的教育，在无形当中也实行了科学、系统和全面的生涯规划教育。

在课堂中，虽然教师在没有进行知识科普和了解自我的环节的情况，就让小学生们想象自己 15 年后所从事的职业，有点跳脱，但是这个思路还是紧跟着目标走的，至少还没有跑题。这堂课的目标就是在同学们的心中种下种子，具体而言就是实现生涯规划的启蒙。在同学们的一生中，尤其是关键期和做重要的人生选择的时候，这些课总是需要上几堂的。有的人可能会说，我就没有上过这些专门的课啊！回想人生几十年，你就会发现，保健课总是上了几堂的，育儿课多少也学过一点，职业规划课也是听过几堂的，理财课也接触过一些，这些实用性很强的课，这一辈子总有机会有需要地上过几堂。既然是实用性很强，既然有一些家长反映，在他们年少和求学的时间段内，尤其是在关键期，都缺少这样一些关键的专业性的课程，那么我们作为当代的教育工作者，就更要在这方面引起重视，要在学生们小学萌芽、高一开学、高三备考、大一新生适应、大四找工作实习等这些关键的时间节点上，为学生们精心地准备一些适合他们的生涯规划教育课堂，包括在学校教育和家庭教育中。关于这方面的教育，我们要全面动员起来。

6. 职业幸福感

职业是人生的幸福驿站。问问自己为什么做这份工作？现代社会中，许多人的幸福感都不强，很多人都产生了职业倦怠感，开始入行的时候可能就不爱这份工作，在接下来的工作中也没有很主动地投入、学习和成长，甚至有的人十分厌恶这份工作，却还是硬撑着不另寻钟爱的岗位，一直熬到退休，空留遗憾。还有一些社会现象，就是人们干家活懒、干外活勤，在单位干活不起劲，在业余时间做兼职倒是很猛，原因就在于不能干一行爱一行。提升职业幸福感的一个很直接的方法，即投入工作之中。

上面所述的两种情况，都是因为没有用心去投入和参与，而幸福是与良好的人际关系、积极的情绪、参与、投入和意义感这5个核心元素有关的。所以，没有在工作中的参与和投入，就没有职业幸福感。要在工作的时候怀着强烈的求知欲和行动力投入进去，心无旁骛地工作，不受外界任何事情的影响。教师也是一样，在上课的时候全情投入，只关注到当下的课堂目标、内容以及学生的反馈和体验。所以，在我们的这个生涯规划教育课堂中，就要培养教师的投入和参与。

升华一下这个职业幸福感，就是干一行爱一行，这恰恰是我们所有人都需要改进的。在工作中，很多人的观念都有偏差，认为工作是为老板做的，不是为自己做的。但是事实上，人生所有走的路都不是白走的，但是为什么有些人觉得自己走了许多冤枉路？因为他们一直没有实现自己的目标和价值。是不是走了冤枉路，这里的判断标准不是唯一的，如果你觉得时时刻刻都在为自己工作，那么这些在成功之前的经历就是有意义的；如果你一直沉浸在为老板干活的怪圈里面，那么那些路可能就真的是白走了。最好就是要将思维转变过来，无论在什么岗位上，都要有为自己干活的觉悟，投入工作中去，提高自己，发展自己，这才是幸福的不二法门。

7. 影响孩子职业定位的因素

影响孩子职业定位的因素，往往都是一个个很小的、很细节化的外因和内因事件。因为这些事件的影响，同学们内心体验到一种刻骨铭心的、对某种职业的印象，这就相当于在他们的心里种下了一颗种子，待到合适的时机，就会生根发芽，培育得当，施肥剪枝，终会成为一棵参天大树。

说到影响同学们的职业定位的外因，举例而言，曾有一位从事“两弹一星”研究的科学家，他的职业规划和定位源于一次偶然的机会。他在初中时代有一次途经华北地区，那时候正值战乱的年代，他抬头正好看到日本和其他国家的飞机飞过头顶，心中的爱国情怀让他顿时暗暗下定决心，以后一定要苦心钻研物理学和武器制造，在制造保家卫国的飞行器方面，一定要研究出远超国外的成果。看到外国的战机嚣张地飞过祖国的领空，这是一件很小的外因事件，却能在孩子的心中激起轩然大波，进而影响他以后的人生走向。这种定位可能也会随着个体在今后的人生中所遇到的事件而产生变化，但是如果继续坚持走下去，那么个体这种粗略的构想或许最终会成为其未来现实生活中所从事的职业。

然后从内因的角度来谈影响同学们职业定位的因素。遗传基因这个因素自然是很重要的一个方面。俗语有云："龙生龙凤生凤，老鼠儿子会打洞。"举具体的例子而言，如果一个家庭中的父亲在 40 多岁秃顶，那么他的孩子很有可能到 40 多岁的时候也会秃顶。而且儿子与父亲在说话的语气和用词、为人处世的谈吐以及对待生活的态度上可能都会有惊人的相似之处，这也是基因和模仿的共同作用造成的。《7Up》是 BBC 出品的成长纪录片，中文翻译的名称叫作《人生七年》，会对年轻人的生活工作有一些启示。英国导演迈克尔・艾普特选择了 14 个不同阶层的孩子进行跟踪拍摄，每 7 年记录一次，从 7 岁一直到 56 岁。从这个纪录片中，我们可以看到这其中反映出来的与职业规划有关的一些道理：阶级固化是一直存在的，其与家族内在的文化基因等因素有很大的关系，而在个体的奋斗生涯中，提升阶层是需要付出的。很多人出生后，很多家庭已经安排好了孩子 20 年后的生活。所以，富人的孩子，长大后同样还是富裕的阶层；穷人因为并不明白如何变富，所以只能表现自己的现状，给不了孩子更多的建议。

少数人想要改变生活状态，就坚持努力去学习，去学习富人的思维，从而提升了一个或多个阶层。提升自己阶层的方式就在于：上学时好好学，知识就是力量，别人偷不走，终身受益。其中有的人进了剑桥大学，最后靠知识改变了自己的命运。对个体来说，结婚也会对其生活产生很大的影响，因为在进入新的家族体系之后，其中的文化、精神和物资条件都会对个体产生一定程度的影响；再者，还可以以认真的态度对待工作，在自己所在的岗位上获得一些成就，尽量多培养自己各方面的能力。

再回过头来探讨一下对上面这堂课的整体印象。为何社会上很多富有的人都对那些不那么富有的人心存鄙夷和偏见？用简单的话来讲，就是有很多富人他们“富”但是不“贵”，这里的问题就出在其思想觉悟和精神境界层面。所以说，评估和看待一份职业，不仅仅要看到它表面上所代表的待遇、社会地位、福利和权力等方面，更要明白的是这份职业对在岗人员的能力、素质、人品和思想觉悟上的要求以及其能产生的社会价值与贡献，这才是我们的职业规划教育课堂上所要传达给未经世事的同学们的信息，而不是他们所表演出来的、浮于表面的地位与财富的攀比。其实，在上面的课堂中，教师也几次都注意到了这个问题，只是没有很明确地提出来，以防打击同学们的表演积极性。我们相信同学们还有很大的塑造和进步空间，也相信同学们能通过参与我们的生涯规划体验课，确定好适合自己的理想的职业规划。谢谢教师们，谢谢同学们，上面这堂体验课的点评到此为止。

课堂二

我的梦想

背景介绍

（一）什么是梦想

有关“梦想”这个词的解读，有大致 3 种不同的看法。

首先，梦想的意思可以指梦中怀想。汉代司马相如的《长门赋》有云：“忽寝寐而梦想兮，魄若君之在旁。”这里面的“梦想”是指在睡梦中自己潜意识的一些想法，或者意识层面的一些想法，正所谓“日有所思，夜有所梦”。

其次，梦想也可以指空想和妄想。宋代苏轼的《赠清凉寺和长老》诗有云：“老去山林徒梦想，雨馀钟鼓更清新。”这里的“梦想”是指那些不切实际的、难以实现的想法或者愿望。

最后，梦想还可以指理想。何其芳在《我为少男少女们歌唱》这首诗中写道：“对于生活我又充满了梦想，充满了渴望。”这个语境中的“梦想”是指自己的理想，即对未来生涯和职业的展望与期待，这是根据自己的现实条件产生的比较贴合实际的想法。

那么，本堂课中的梦想是什么意思？是取的第三种解读，即理想，也就是对未来的一种期望，是一件可以达到但必须努力才可以达到的事情，它也是一种让人感到坚持就是幸福的东西，甚至可以视其为一种信仰。

（二）梦想的重要性

作家奥斯特洛夫斯基曾经说过，人的一生应当这样度过：当回忆往事的时候，他不至于因为虚度年华而悔恨，也不至于因为碌碌无为而羞愧；在临死的时候，他能够说："我的整个生命和全部精力，都已经献给世界上最壮丽的事业——为人类的解放而斗争。"这就是心怀梦想的人充实的一生，有梦想的人不会虚度光阴，也不会无所事事，梦想的彼岸会指引人们不断地前行，用一句通俗的话来讲，没有梦想的人，其实跟咸鱼没什么两样。

梦想就是理想，承载着个体生活的信仰和价值，一个人在年轻的时候，一旦确定了一个梦想，就会在接下来的岁月中为此而拼命努力，可以说梦想是奋斗的目标，同时也是行动的动力，更是人们体现自己人生价值的意义所在。另外，少年强，则国强，社会和国家各个领域的发展都有着宏大与明确的进程规划，我们的学生，作为未来社会的中流砥柱，作为民族未来的镇国之器，其未来的发展当然是要与社会的发展相契合的，是以服务于社会、服务于民众、实现自我价值为导向的。

无论是站在社会本位论的角度，还是站在个体本位论的角度，对学生们来说，有梦想都能促进其学业成绩的提高，也能使其对自己的人生有清晰的规划，这样就能避免在繁重的学习压力中产生迷茫感和荒诞感。

（三）如何实现梦想

既然梦想那么重要，那么我们就必须努力去实现它。当然，梦想也分为不现实的梦想和现实的梦想，举例而言，A 同学的梦想是有一天能买下整座迪拜城，B 同学的梦想是长大后成为一名医术精湛、救人无数的外科主刀医生。这两个都是梦想，前面一个梦想属于不现实的类型，A 同学就算是用尽所有的聪明才智和人脉资源，到最后都不可能会实现他这个宏大的“理想”；后面这个梦想经过 B 同学日积月累的辛苦钻研，最终还是有可能得到实现的。

按照常理来看，A 同学的梦想非常荒诞可笑，B 同学的理想虽然也很难实现，但还是有达成所愿的可能性。但是我们还是能从中看到，不论是荒诞的梦想，还是现实的梦想，不管能不能实现，只要朝着定下的方向，用尽所有的努力去靠近它，那么就算是最后遗憾而与成功失之交臂，自己也可以成为某一领域的一个较高水平的存在。比如说，A 同学为了有一天有买下迪拜城的经济实力，就可能会就读于与金融相关的专业，然后在 4 年的大学生涯中刻苦钻研经济学、金融学、股票、证券、投资等方面的知识，形成自己对业界形势独到的见解，之后在社会上艰苦创业，打下一片属于自己的天地，可能日后回想起当初的这份无法企及的梦想时，他也会感谢当初自己为了梦想而努力拼搏的执着和付出。

无论是现实的梦想，还是不现实的梦想，我们都会在努力朝梦想靠近的路上，收获到与努力成正比的成长、成就和际遇。

那么，我们如何实现自己的梦想呢？我们需要首先想好梦想的具体内容，也就是我们为之付出所有努力的目标；其次，我们要付诸行动，通过学习相关的基础、进阶和高端方面的知识，形成自己的知识系统，为日后的实践打下坚实的理论基础；再次，我们还要在行动中，通过自己在能力和意识上的反馈，不断地修正和调整我们的梦想或者是行为，如果梦想有变，那么我们就要调整我们行动的方向，如果梦想依旧，那么我们就要调整我们行动的方式以提高效率；最后，剩下的就是坚持不懈、日积月累的练习和努力，过程可能会伴随着枯燥、孤独、艰难和痛苦，但是只要我们挺过去，最后的结果一定比没有梦想的人要强很多。

当然，本书仅仅旨在通过体验课的方式，让小学、初中和高中阶段的学生，能通过参与下列这种体验课，意识到梦想和职业规划的重要意义，如果能做到让学生们在之后的学习中慢慢形成自己的职业倾向和梦想，那么已经算是达成我们所愿了。

课堂实录

笔记栏

老师：在座的听课老师们，大家早上好！同学们，大家早上好！请所有人将右手举起来，师生之间互相挥手问好，并大声地说——早上好！

学生们：老师们，早上好！

老师：也请大家把自己的双手举起来，用热烈的掌声给自己鼓掌。好了，现在大家看屏幕上显示的本堂课的主题“我的梦想”。

请大家读一下这个主题。

学生们：我的梦想。

老师：咱们今天上的这一堂课，是生涯规划演示课，那么，老师问问大家，你们之前上过生涯规划课吗？有没有同学来说一下或者猜一下生涯规划课是干什么的呢？这位同学举手了，你来说说看。

学生 1：可能就是在生活中，将自己的生活作息规律，以及在哪个时间点该做哪些事情给策划清楚。

老师：大家听明白了吗？掌声给他鼓励。这位同学说得很好，当然，广义上的生涯规划，包含了我们一生的发展，包括工作和生活等方面。各位同学，你们现在的年纪大多都是 12 岁、13 岁和 14 岁，那么，10 年前你们是 2 岁、3 岁和 4 岁，你们那个时候的梦想是什么？你们回忆一下自己在那个时间段有没有梦想呢？

学生 2：没有。

老师：你当时多大？

学生 2：我当时可能 3 岁了。

老师：当时你没有想过你的梦想，是吧？

学生 2：没有。

老师：那么，当时有没有特别想做的事情？

学生 2：有。

老师：什么？

学生 2：好像是想当一名医生。

老师：大家听听，这位同学在 3 岁的时候，就有了想做一名医生的想法，真的挺好，大家掌声给他鼓励。2 岁、3 岁和 4 岁的你们，年龄确实是偏小，大家可能还没认真规划过将来的职业，但是由于身边大人们的影响，隐隐约约地也会想到长大以后要去做的事情。那么，我再问一下这位同学，你 10 年前年龄有多大？

学生 3：3 岁。

老师：有没有想过做什么样的人？

学生 3：想当一名教师。

老师：他那个时候就想当一名教师。你 3 岁的时候就有这种想法了，为什么？

学生 3：我妈说当教师是一件很光荣的事情，然后我那时候听到了，就想将来当一名教师，去做一件光荣的事情，让妈妈开心。

老师：3 岁的时候就有了这样的想法，你请坐，掌声给他鼓励。当时不管大家是想做医生也好，还是想做教师也罢，大家心里肯定隐隐约约会有这方面的想法，而这中间肯定还会有变化。那么这位同学，你 10 年前有这方面的想法吗？

学生 4：我觉得那时候很天真，应该是想要当一名玩具制造商，造出很多小孩喜欢玩的那种玩具。

开始阶段的技术。

老师：这个想法肯定是两三岁的孩子最想有的，拥有更多的玩具简直是孩子们的梦想，做一名玩具设计师或者是玩具制造商，就会拥有数不清的玩具，这种想法很棒！ 10 年前，大家都是 2 ～ 4 岁的那种混沌初开的年纪，除了对未来有朦朦胧胧的想法，其他的时间可能更多的是在琢磨着要玩好玩的玩具，要吃好吃的零食和饭菜，还想要穿好看的衣服。那么，10 年后的今天，你到 12 ～ 14 岁的年纪，你最想做什么呢？这位同学，你来说。

学生 5：发明家。

老师：为什么呢？

学生 5：因为我小时候喜欢拆开东西，然后再装起来。

老师：这是一个非常好的习惯，小时候喜欢把玩具拆开，其他人有没有经历过？有过这样经历的举手。这么多人举手，看来都喜欢把玩具拆开，但是想把玩具组合在一起的人有多少呢？举手示意一下。这下子很少人举手了，寥寥无几，举手的这 5 个都是男生，看来男生比较擅长动手拆卸与安装这方面。采访一下这位同学，你刚才举手了，所以说你小时候也喜欢拆装玩具，那么现在有没有什么变化？

学生 5：还是喜欢拆装东西。

老师：还是有这种想法，看来你想做更多的创新性的东西，好，掌声给他鼓励。你请坐，大家也同样把掌声送给这几位都能够将玩具拆装的同学。好的，那么今天我们来做这样一个“我的梦想”的生涯规划的演示课，通过今天的课程来给大家一个初步的启发。

好，下面我们来做个这样的活动，把我们的组分配一下。先来玩一个叫作“五毛一块”的活动。在这个活动中，男生是五毛钱，女生是一块钱。可以吗？女生是一块钱好不好？老师会随意报出一个数字，比如说两块钱，那么这两块钱就是 4 个男生组在一起，也可以是两个女生组在一起，还可以是一个女生、两个男生组在一起。因为组合的办法多种多样，所以不能想得太久，也可能会有落单的情况发生。大家先来试一下，

分组：
一元五角技术

小组建设：学生们按照活动分成各组，选举组长，组长代表全组做发言。

现在我说两块钱，大家快点行动起来。时间差不多了，还有没有同学没有组成两块钱的？

你们这里组好了吗？大家两块钱的都成组了，有的人还抱得挺紧，好，把手放下，站起来随便走动，等会儿我喊出多少块的时候，大家就赶紧组成小组。好的，两块五！大家快点行动！找到组员了没有？看看你们这里齐了没有，1、2、3、4、5，一共5个人！我看一下这一组，成功了。下一组好了吗？第一组是两块五，第二组也是两块五，第三组也是两块五，幸亏有这位同学，要不然第三组就组不成功，那我们看看第四组组成了吗？两块了，还差一个五毛的。

教师在活动的过程中，要做提示和示范，以推进活动高效有序地进行。

有没有落单的同学？看到了，这边后面有6个女生没组成，然后这里有两组男生都是两块，都差一个五毛。其实可以这样，女生组，你们看哪个组男生特别多，你们就可以抢男生过来组队，你要抢过来一个男生，然后过去一个女生。好了，大家把手放下，然后继续走起来，现在大家多多少少都有经验了，都要好好想想怎么搭配，不能全是女生或者全是男生，这样有时候会搭配不了。

三块五！你们几个男生赶紧找女生组队，好的，你们成功了。看看这一组成功组队了吗？

你们是三块五，另外的这一组是几块？还没有组好，你赶紧去那边，他们需要你。然后你们这一组的几个，拼好三块五了，组在一起是三块五，但是有 7 个人，全部是男生，我的天！就你们组最热闹，组队的时候一下子把人抢过来组好了。再来看这一组，你们有几个？是组成了三块五的吧？ 5 个人，站在一起围成一个圈。然后你们这一组还差一个组员，大家抱紧的时候，别把同学勒坏了。现在都安静一下，检查看哪些组成功了、哪些组还没有，这一组也组好了。我看你们 7 个都是男生，这一组也是 7 个都是男生，你们几个人拉着凳子坐成一个圈，大家所有人按照刚才组队分成的组，拉着凳子坐成一个圈。好的，大家安静！老师任命班长来帮我，大家掌声欢迎我们帅气的班长，现在请他做我的助教，一会儿帮我去检查一下大家按照钱数组队成功了没，不过等会儿，班长你也要进一个组里去的。接下来，老师把你们两个组调整一下，按照人数把你们两个小组合到一个大组里面，还有，你们两个组合到一起，然后这两个组合到一起。 我把我的助教派到大家中间进行监督和指导，大家看一下你们各组的组员，现在从每一个大组中选一位组长，有没有谁自告

作用：
1. 放松减压。
2. 和谐氛围。
3. 以良好的情绪状态投入课程。
4. 培养合作意识。
5. 训练思维能力和行动力。

奋勇做组长？没有的话，我们就直接现场投票选举，你把你的手指向你想推选他作为组长的那位同学，我喊 123，喊到 3 的时候就一起举手投票，1——2——3！好，这一组组长是你，你站起来，同样地，其他组被推选为组长的同学也站起来，所有被推选为组长的同学都站起来。好，我们先让组长们说一下各自的获选感言，等一会儿带领大家按照分组的形式做一些活动，有哪位组长想主动先说的？

学生 6：是你们把我选为了组长，感谢，加油。

老师：大家掌声给组长鼓励。这位组长，你想对你的组员说什么？

学生 7：一起加油。

老师：非常好，掌声！

学生 8：既然你们选择了我，我也不会辜负你们。

老师：太棒了，掌声鼓励他。这位组长，你想对你的组员们说什么？你害羞了？你就说“加油，大家”。

学生 9：加油，大家。

老师：好，谢谢你，掌声在哪里？

学生 10：谢谢你们，让我担任组长，我不会辜负你们的。

老师：大家掌声鼓励，各位组长请坐。现在分好组了，我们准备开始做活动。刚才我们探讨的是生涯规划，你们各自都回忆了10年前的自己，这和10年后的你们，也就是现在的你们有什么区别？那么，现在大家看一下屏幕，每位同学内心都有自己的想法和想要去做的事情，如果再过10年，你们经过了初中、高中6年和大学的4年时光之后，会有怎样的改变？你会大学毕业，会走上自己的工作岗位，那么你们将来会从事何种工作呢？你们的工作能不能跟自己的梦想结合到一起呢？

这是一个值得我们去思考的问题。所以其实我们可以想一想，自己10年之后会从事什么行业？又会从事什么职业？来，大家闭上眼睛冥想一下。好的，相信大家对自己未来从事的工作都有一个设想了，那我想问一下大家，你们能够了解到的这个社会中的职业都有哪些？大家以小组为单位，讨论之后，组长写下来。我们看看哪一组能够在最短的时间内写得最多。好，我看大家都很棒，有的组都已经写8个了，其他组也要快点写，抓紧时间，争取要在最短的时间内写出最多的职业，每个职业写一个短

未来是希望，是向往。对未来充满美好的期待，是我们当下学习和生活最好的动力。

名称就可以了，那么目前我看到的职业，有化学家、发明家、律师等，大家真的是太棒了！我看到有的组都写了 14 个了，这一组居然写了 15 个，其中还有电影演员、设计师和开发商，大家都想出了很多职业。

好，现在停下来，我们请各组组长汇报一下各自小组在这几分钟之内能够想到的所有职业，各组组长站起来汇报一下。这一组组长来先说一下你们小组都想到了哪些职业。

学生 11：医生、飞行员、科学家、画家、工人、运动员、化妆师、工程师、清洁工、理发师、厨师、发明家、演员、歌手……

老师：这一组有 22 个职业，大家掌声鼓励他们。

学生 12：自由职业者、工商户、演员、主持人、歌手、农夫、工人、美食家、医生、教师、法官、摄影、导演、编剧、游戏设计师、总裁助理……

老师：还是有不少职业的，你们组数一下有多少个。来，我们继续看一看下一组有多少个职业。

学生 13：科学家、化学家、设计师、教师、艺术家、公司职员、司机、商人，还有厨师……

老师：写得真不少，大家掌声鼓励他们。好像一共列举了 20 个职业，上一组也有 22 个，你们这一组也很好，下一组也来分享一下吧。

学生 14：教师、牙医、工程师、舞蹈老师、空姐、厨师、歌手、演员、美食家、机械师、局长、医生、护士、警察、理发师、保安、画家、月嫂、书法家、摄影师、运动员、翻译官、明星主持人、律师、法官、设计师、商人。

老师：非常好，掌声鼓励他们，这一组写得真多啊！

学生 15：军人、医生、护士、美食家、歌星、演员、发明家、飞行员、警察、法官、科学家、翻译官、网络主播、律师、化妆师、艺术家……

老师：大家帮忙数一数一共有多少个职业。大家看前面，好，你坐下来，你们组也写了很多，非常棒。

请各组的组长带着你们的组员，看一看刚才念的组员们写出来的这些职业，这些职业中肯定有一些是你们的组员感兴趣的。现在大家请保持安静，听我说，待会儿你们的组长会带着你们完成一项任务，所以大家要认真听。大家看一下你的组所选的这些职业，下面我开始布置任务了，大家看一看哪个组能听清楚我的任务，这样你们才能认真地执行和出色地完成任务。你们刚才都写好自己知道的所有职业了，现在给大家8分钟的时间，大家都听好，每个组最少要扮演其中3个职业的角色。8分钟时间，一个组、一个组轮流地表演给大家看，赶快抓紧，每组至少要挑选3个职业，然后表演给大家看。你们这个小组选择的一个职业是计算机黑客，还有一个是自主创业个体户老板。大家每个人都可以参与表演，一个组内至少有3个表演，想表演的可以自己选好之后主动申请，组长安排好。还有5分钟的选择和排练的时间，大家抓紧了，大家要记得每一组至少要有3个职业，每个人都要表演的，可以几个人演一种职业或者多种职业。

你们这组设计好了吗？现在就可以把你们选择的职业设计一下，要求是全组人都参与表演，且至少体现出3个职业。赶快设计，设计好了吗？所有人赶快设计一下所选职业的展示情景。你们已经设计好了，大家看一看，这一组最活跃，我觉得肯定会表演得很好，现在还有最后的3分钟，大家抓紧时间。这一组也可以站起来彩排和对台词，你们看他们那边都站起来在排练了。

现在时间到，大家请安静！这个地方就是

舞台，各组展示的时候要朝向大家，要求至少展示 3 个职业，其他同学要认真听、认真看。我们最后要评选最佳表演奖和最佳创意奖，看哪个组最有创意、表演得最好。哪一组愿意最先表演？来，你们组准备好了吗？是不是还要串一下？那这一组怎么样？也没准备好？现在时间到了，就要开始了，组长们到我这里集合。

你们“剪刀石头布”决定表演的先后顺序。记得是所有人都参与，谁先赢，谁就第一个来。好的，你们组第一个去准备，这一组第二个去准备，然后你们第三个，然后这组第四个，这一组是第五个，顺序已经出来了，各就各位。现在大家用热烈的掌声欢迎第一组隆重登场。第一组组长，把你的组员都带上台来，其他组不要说话。你们到前面来，大家保持安静。

学生 16：我们组表演的主要是军人、教师和黑客，我们开始表演了，大家多多关照。同志们，都有，立正！向前看！向左转！跑步走！一二一、一二一……

老师：好，这是表演的军人训练日常。继续表演。

学生 16：下面表演的是黑客。

老师：你坐在前面表演。好，大家安静，他

们在表演黑客。（表演中）好，下一个职业展示。

学生 16：下一个是教师。

学生 17：今天晚上的作业是写作文。

老师：好的，当教师的这位同学表现得很形象、很自然——今天晚上的作业是写作文。还有吗？

学生 17：没了，下课了。

老师：大家掌声鼓励他们，谢谢。请第一组回位，第二组来表演。

学生 10：我们组表演运动员、理发师和清洁工。先表演运动员。预备……跑！下一个表演理发师。

老师：现在表演理发师！（表演中）可以。

学生 10：下面一个是清洁工。

老师：清洁工怎么去表演？现在表演的是清洁工在打扫卫生。好的，现在表演结束，大家掌声鼓励。看看第三组表演的是什么。

学生 18：我们组第一个表演的是军人。

老师：好，请开始。

学生 19：向前看！立正！向左看！你们表现得一点都不好，都没吃饭是吗？俯卧撑 50 个！下次动作不整齐，再加 50 个！

老师：这就是军人，做不好就罚 50 个俯卧撑，很贴近了。

学生 18：然后第二个要表演的职业是舞蹈老师。

老师：好，请开始表演。（表演中）

学生 18：第三个职业是教师。

老师：大家安静，别说话。

学生 19：上课！同学们好！ 1 加 1 等于几？你说等于 3？错！罚你抄课文两遍，放学之前交给组长。

老师：这个教师当的，同学出错了，只能用惩罚这种方式吗？还可以用什么？你来说说。

学生 20：说 1 加 1 等于 2。

老师：可以纠正他，对不对？老师可以说“这位同学，1 加 1 不等于 3，应该等于 2”。所以不一定只有抄课文的惩罚方式，还可以纠正错误。好，大家掌声鼓励他们。好，第三组请回，第四组请开始表演。

学生 6：我们的表演是以一个小话剧的形式呈现的，这几种职业包括教师、校医和教务处主任。

老师：话筒递给他们组，再给这位同学一个话筒！

学生 21：雨涵，你们俩在干吗？你们俩过来跳一段舞，好不好？

学生 22：我牙痛。

学生 21：班长去找一下教务处主任。

学生 23：老师，听说你们班有人牙痛是吗？

学生 21：是的，雨涵牙痛。

学生 23：那我给校医打个电话，喂，是校医吗？

学生 24：是的。

学生 23：我们班有个同学牙痛，麻烦您过来看一下。

学生 24：我来了，先看看情况。同学，你这个牙齿，需要到医院牙科去拔一下智齿，早晚注意口腔清洁，少吃甜食。

学生们：（小声）3——2——1，鞠躬。（大声）谢谢大家的观赏。

老师：谢谢！这一组表演得特别饱满。我们来看一下第五组。

学生 25：我们表演的是演员、摄影师、编剧、医生和护士这几个职业，他是演员，他是摄影师，然后他是编剧，这两位是医生和护士。

老师：好，你们可以开始了。

学生 26：小子，你想干吗？

学生 25：我问你呢！你想干吗？

学生 26：我怎么了？你还想咋地？

学生 25：你还理直气壮了？

学生 26：我就是理直气壮！

学生 27：我说，两位主角，咱能不能按照剧本的台词走啊？

学生 25：别理我，我就是看不惯他，今天他别想讨到好，摄像大哥，别拍了！今天我非要把这臭小子打趴下不可。（肢体冲突中，一位演员不慎摔倒，剧情设定为腿受伤，医生和护士匆匆赶来。）

学生 28：怎么回事？怎么伤得这么严重？小月，递支架、碘酒和纱布给我。

学生 29：好的，李医生。

老师：表演完了吗？

学生 25：表演完了，这是一个故事。

老师：这中间还推倒人了，能起来吗？好，大家掌声鼓励。大家看完这 5 个组的表演，我们来评选一下最佳表演奖和最佳创意奖，大家想一想，刚才表演的这些职业角色中，你觉得哪个组表演得最好？请每个同学都把手高高地举起来， 我喊到 1——2——3 的 3 时，你们认为哪个组是最佳表演奖，就把手指向他们。好，

1——2——3！停！你们指的是第五组，你们指向的也是第五组，所以最终第五组非常荣幸地被评为最佳表演奖，大家掌声鼓励他们。特别棒，这几个小伙子真的是创意无边，特别好，他们表演了好几个角色，分别是演员、摄影师、编剧、医生，还有护士，这几个职业都揉进了这个话剧里面，特别有创意。那么，还有一个最佳创意奖也要让大家来评选的，同样地，我喊到3，你们就把手指向你们要选的那一组，好的，这次还是第五组，再次掌声鼓励他们，再次请你们站起来，掌声再热烈点。好，第五组请坐。但是老师发现还有一个组编排得也不错，就是这个第四组，同样也是用一个小话剧的形式来把几个职业都串起来了，有校医、教师，还有教务处主任，其实教务处主任也是教师，只不过是行政职务。这个创意也是非常好的。不管你们获得的是最佳表演奖还是最佳创意奖，不管你们有没有获得奖项，从这个过程中，我们都挖掘出了自己的许多创意，所以，我建议把所有的掌声都送给我们自己，热烈鼓掌，鼓励我们所有人的投入和努力，老师也感到非常高兴。

亲爱的同学们，刚才让大家表演这些职业，

展示了它们的特点，表现了这些工作人员的工作状况，也是为了让大家的内心得到启发。不一定说你扮演的是教师，将来就一定从事教师这份工作；不一定扮演的是校医，以后就一定是校医；也有可能扮演的是编剧，将来会成为导演；也有可能扮演的是演员，将来会成为教师。所以，这个环节只是让大家初步对以后从事的职业有一个简单的了解。大家可以在成长的过程中慢慢地去思考、寻找和探索，找到自己愿意从事的事业领域，找到自己最感兴趣的职业岗位，当然，当你将来从事这个事业的时候，业内的形势也许会有变化。那么接下来，请大家以我为中心围成一个大的圈，可以围紧一点，身体挨着身体，站成一圈，然后请大家与右边的同学握手，感谢他陪伴你度过了今天这样一个美好课堂，好的，大家再和你左边的同学握手，也感谢他和你一起度过了今天这一课。然后大家把所有的掌声送给我们自己，老师在这里也要感谢大家的参与和投入，感谢大家今天周六还来上课，谢谢同学们，再见！

学生们：老师再见！

老师：你们就可以陆续地回教室了，再见！

课后督导

（一）不足与优化建议

1. 关于课堂中一些细节的优化

下面，我们就这堂课中需要优化的一些细节进行具体探讨。我们看一下第一堂课的开场：我们今天来上一堂课，叫作“我的梦想”生涯规划课。然后我们再结合上文所述的 3 个教学目标，设定这堂课的内容如何排序，我们可以先上什么内容，再上什么内容，那么可以在第一堂课中，就学生们对未来的认知和希望进行演示课的切入。

我们看看第一堂课中，教师要求这些 12 ～ 14 岁的小学生们谈一谈他们 10 年前的梦想，这个要求的表述好像不是最合适的，如果改为让学生们回忆自己 10 年前在做什么，那么效果就会好一些。因为让学生们谈两三岁时候的梦想，第一可能记忆都模糊了；第二可能学生们那时候还太小，啥都没有想过，谈两三岁时候的梦想可能会有点为难他们。或者我们不必把时间点定得太死板，不用硬是要将大家的记忆拉回到 10 年前，可以把问题优化为：学生们，你们第一次想到要从事一个职业是什么时候？或者是，你们第一次想过长大了要当什么样的人是什么时候？这样提问的话，就会有孩子回忆自己在 3 岁、5 岁或者 6 岁时候的想法，其实这里说的 10 年前应该也只能当作一种象征性的概念而已，没有那么生硬和死板，像这样具体化之后，其实是很好的一个问题。

我们其实还可以继续优化和具体这个问题：是受什么事件影响，让你产生了要从事这个职业的想法？这样就可以带领学生们思考其初次对自己的职业萌生想法背后的因素事件。举例而言，如果有一个学生回答说："当我6岁的时候，我就在想我要当一名警察。"那么教师可以继续跟他探讨："你6岁的时候，发生了什么事情，让你产生了想当一名警察的念头？"然后当这位学生回忆那些对他的职业取向颇具影响力的事件时，就会找出那些关键的外部影响因素。再举例而言，某个孩子去医院打针的时候，给他扎针的是一位非常漂亮的护士，这位护士美好的外表以及其在当时给这个孩子留下的安全感，让他印象深刻。之后不论他上幼儿园，还是上小学、初中、高中甚至是大学，他都一直喜欢童年时期护士在他心中的那种感觉，可能在很早的时候，他就已经在心里下决心要当一名救死扶伤的医务人员了，可以是医生或者是护士。再有一个孩子，他外出游玩的时候，凑巧一睹军人在检阅中的风采，或者在旁边观赏了一次威严震撼的军事演习，内心受到了冲击，认为军人威武帅气，以后想要当警察或者军人，为民除害、保家卫国！这些所有生活中的一些让人印象深刻的事件，都可能在孩子幼小的心灵里埋下梦想的种子，生涯规划教育就是旨在找到这些种子，让它们在学生们的心中生根发芽。如果学生们的信息接触面更广，对社会各行各业的认知度更深，他们也就会更加了解自己，如果再继续慢慢地对他们进行启发，他们便会更加深刻地明白与自己最匹配的职业是什么，所以教师要学会适当地调整课堂中的切入点。

只要教师们愿意跟同学们就生涯规划这方面谈一谈，也是可以实现他们的启蒙的，如果能做到让他们对这一主题进行思考，那就更加具有积极意义了。在小学阶段，无论是心理健康课和德育课，还是这种职业规划发展课，实际上，教师有时候只要带着同学们做一些与生涯规划相关的活动，就都会起到一定程度的作用，比不做任何的涉猎要强上许多。但我们讨论的是优化前面展示的生涯规划主题课堂，如果我们将上面已经很不错的课堂进行目标明确、环节优化和技术升级，这个课堂就可以说是不浪费一颗子弹了，这与临时起意的一些相关的活动相比，其效果就会提升很多个级别。

生涯规划课的内容，要先从了解社会上的这些职业开始，比如说，社会上有多少种职业、那些职业都处于什么样的现状之中，那么这个时候教师的 PPT 内容就应该包括职业的类型、特点、发展现状等一些比较客观的资料。待了解完这些具体的、客观的知识之后，就可以让同学们谈一谈自己家中的长辈们的职业，比如，爷爷、奶奶、爸爸以及妈妈各自的职业都是什么，甚至可以以家庭为单位画一个职业图谱，然后让同学们讲一讲对家里长辈们所从事的职业的了解和感受。我们可以把这个环节命名为“我的家庭职业图”，这样一个开场的环节就会很有效果，因为它贴近主题，而且能让同学们产生心理共鸣。我们还可以设计一个课外作业式的体验环节，即让学生在寒暑假的时候做一次观察式的体验和采访，让每个孩子当一次职业记者，跟着家里的某一个人一起去上班，对他在工作时候的状态进行一天或者半天的观察和访谈，然后写一篇主题小作文，在作文点评课上与小组的同学们进行分享。这也是一次很好的职业教育，因为同学们平时没有什么机会去进行观察，那么借助学校的作业和任务，就可以在某种程度上加深同学们对家人和社会的了解。

生涯规划课的内容应该围绕3个部分：了解职业、了解自己和了解未来。我们注意一下，第二堂课的分组之后的环节就是了解未来，由于我们每次的主题课可能面对的学生都不是同一批学生，在给小学生上生涯规划课的第一个核心环节就去了解未来，这样就越过了前面的了解职业和了解自己的两个部分，扯远了之后同学们难免就会乱演，他们就会想起什么演什么，这个就有点浮于表面了，这样可能就有点偏离目标了。稳妥的方式是让同学们先对自身进行深入了解。那么我们给小学阶段的同学们定的技能方面的目标是：第一阶段是了解职业，第二阶段是学会规划，即要掌握一些规律性的东西，进而学会设计和规划之后的学习与职业，说得通俗一点就是要学会自己设计自己的一生。

针对不同阶段的学生，生涯规划的教育要有不同的重点，中小学阶段的学生，可能在生涯规划教育中注重于了解职业这个层面，即重点在于知识性的探讨层面。对于高中阶段的学生，他们即将面临高考这一重大的人生弯道，那么让他们在深入了解社会上方方面面的职业的基础上，加深对自我的了解才是最核心的目标，当然高中三年级的学生也可以做一些关于未来职业规划的练习和决定，这样也有助于他们选择正确的大学、专业和城市。而在高等教育即大学阶段，就要将了解未来划为生涯规划课的重点了，在深入了解社会中的各行各业和自己的前提下，尽情地畅想未来的自己和未来的社会，然后根据自己的期待和理想，在步入社会之前的最后的象牙塔时光里，抓紧学习各种理论知识、本领技巧以及拿到入职需要具备的各种资格证书，这些都是在今后的职场中需要具备的东西。那么在这样的由低级到高级的过程中，从意识启蒙、认知世界，到探索自我，再到树立目标、理想和信念，最后的生涯规划则是在一个比较高的精神层面上进行的。这样，同学们的职业价值观，在这个漫长的教育和体验的过程中就会慢慢地形成，之后在适应社会和竞聘工作中便会体现出这么多年生涯规划教育的效果来。

2. 生涯规划课与心理健康课的区别

严格来说，生涯发展教育并非等同于心理健康教育，它可以借用心理健康教育的技术和原理来为其课堂目标服务，相较于偏感性的心理健康教育，生涯发展教育是偏理性的，这里说的理性，意思就是让同学们在认知层面得到收获，而感性则是让同学们更多地在体验层面得到领悟。这里面的具体区别，我们来一一探讨。在心理健康课上，可能有一些抽象的概念，同学们并不能领悟个中精髓，但是他们只要在活动中体验到这些品质、情绪所带给他们的感受之后，他们的心理能量就会得到增长，心理资本水平也会得到逐步提高；而在生涯规划课上，同学们能不能体验到倒不是最重要的，最重要的是他们能在认知层面理解到知识和开阔眼界，而不是在情感情绪层面有什么很深刻的体验，当然，如果能让同学们体验到一些情绪和情感，也会有助于他们进行更好的职业认知和生涯规划，但是大多数时候都不需要多么深刻的情绪情感体验。

在上面的课堂中表演这些关于未来职业的心理剧，其实需要一定程度的改良，这里的心理剧是先从心理学视角动之以情，然后再间接地晓之以理，但我们的生涯规划课需要让同学们了解各行各业的岗位的现状、待遇和所需要具备的能力条件，那么他们喜欢哪个，就可以在今后的学习和生活中，用行动有意识地培养自己，让自己向既定的目标靠近。而心理健康课是从意到知，同学们对某一事物或者概念的体验和感受深入了，他们的认知就会更上一层楼。生涯规划课和心理健康课的区别就在这里。所以，生涯规划课就是从知到行，而不是从行到知。

在我们的生涯规划课上，如果体验的情绪和情感过多，会造成喧宾夺主的现象。再回过头来看上面的课堂展示，最后这个冥想的环节也是需要优化的，教师让同学们冥想 10 年后的自己，建议优化得简单一些，直接让同学们谈一谈 10 年后的某一天在做什么，对于小孩子就是要简单直接，没有必要使用类似于成年人催眠的冥想技术。如果将这个环节的指导语具体化一点，可以优化为：同学们，10 年后的某一天，你认为自己会在什么地方呢？这个地方是办公室还是家里？你是在什么岗位上工作？穿着什么样的职业装？大家现在可以想象一下。这个具体化的指导语的好处在于，教师说到哪里，同学们就会想到哪里，然后同学们脑海中对于未来的设想就直接可以想象出来了，然后就可以睁开眼睛了，这就是将冥想具象化一点产生的效果。不要用太高深的类似于催眠成年人的手法，这是职业规划教育，不是心理健康教育，所以需要在这些细节方面做简单化和具体化的调整。小学生生涯规划教育课，在不对同学们的心灵造成负面影响的前提下，这样的课怎么上都会有效果，都会比不上这堂课要强，但是如果我们严谨、细致、高效地做好这堂课的引导和带领，这里面的效果就可以提升了。

（二）其他思考

1. 播种理想，很有必要

据统计，关于生涯规划的实证研究和理论著述目前还不够系统与全面，且课程的设置也不够成熟。在当下终身发展和科学技术日新月异的时代背景下，职业对人在工作中的创造性的要求越来越高，人们在职业生涯中对自己也愈发要求精益求精，于是，在职场中尸位素餐的现象将会离我们远去。未来的高薪工作都是高技术含量、高创造性、高脑力劳动的，不是混一混就能应付得了的，工作者们不能再像从前那般听完命令只动手不动脑子了。未来的职业都会更加精致化和智能化，在认知和了解了未来的职业的发展趋向之后，我们就能意识到，无论是从国家发展的宏观人才培养计划的角度，还是从社会本位论中将人改造成为“社会的新人”的角度，抑或是从个人本位论中守护儿童天性、发展人的个性的角度出发，都需要我们帮助同学们树立对未来的生活和职业的一个大概的理想，换句话来说就是做点规划，运筹帷幄，很有必要。

以促进教育教学的最大化为目标，我们就要在基础教育阶段施行生涯规划的课堂教育与体验，这样会让多方受益。小学阶段的同学们在生涯规划的教育方面能受益，这实际上能促进当下学科本身的发展与完善，也能促进学校的学科课堂整体教学效果的提升，因为同学们树立了属于自己的理想或者方向，其学习的动力，不论是内心对文化知识的兴趣，还是完成学业之后所能达到的职位和生活水平的外部诱因，都会得到一定程度上的提高。而且阶段性的学习目标的达到，将会使同学们离自己的理想更进一步，便能更进一步促进大家努力学习的积极性。我们可以设想，如果这些学生从小就知道自己以后想做什么样的人、想做什么事，目标清晰就会产生强烈的动机，就会有明确的行为，就会紧盯着目标不放，所以，早早地在同学们心里种下这样的一颗种子就能够提升他们的积极情绪、积极品质和学业成绩，还有助于他们养成规划和自律的好习惯。

2. 小学阶段开展生涯规划课的目标

有的学者对生涯规划教育的定义是：所有的教育都或多或少地将是生涯教育。这里面含有的意思可能是：一个人过去和现在受到的所有教育，都是为了其一生的发展打基础和做铺垫，换个角度而言，那么所有的教育都可以融入生涯规划教育。举例而言，在语文课堂中，教师可以在潜移默化中让同学们奠定很好的写作功底，这样他们有可能在未来成为编剧和作家，甚至是导演。总之，教师在语文课上对同学们进行严格的、专业的写作功底的培养，可以让一部分同学在今后有能力和兴趣选择做一些跟文字创作有关的工作，这就是上面所说的将生涯规划教育融入学科教学。

那么，有没有必要像学科课程一样，开设专门的生涯教育课程？我认为答案是：没必要。我们的常规课堂教学中，授课目标有 3 种：知识与技能目标、方法与过程目标和情感态度与价值观目标。一般的课堂中的主要精力都集中在完成前面两种目标上面，比较忽视情感态度与价值观目标的深入探讨，如果某个学科课堂做到了兼顾情感态度与价值观目标的深入体验和探索，那么，生涯规划课程就没有必要专门开设。当然，这只是一个相对理想的状态，今天专门开设几堂生涯规划体验课也是为了专门做这个专题，一是为了做一些实践上的探讨，以引起各方的重视；二是做一个展示和评估，让教师们看到整个过程，能有所裨益。

我们的教育者应该努力让同学们在完成学业之后，进入社会成为有价值的工作者，能为社会的发展进步做出贡献。如果在教育的过程中，我们教育者仅仅将学生学习的目标定为取得好的考试成绩，而没有考虑到同学们今后的发展，那么他们在毕业之后就不能适应社会，不能成为对社会有用的工作者，这样的教育就不是成功的教育。所谓学以致用，大学生在走出“象牙塔”进入社会之后，在对外面现实残酷的竞争环境一无所知的情况下，迷茫且无助，这些都是源于对社会各行各业的无知，他们在社会上摸爬滚打，一时之间难以竞聘到适合自己的职业，其价值便难以展现出来。为了将这种现象杜绝，防患于未然，我们应该在从小到大的教育过程中，多进行生涯规划方面的科普和引导，让同学们有规划未来的意识和行动。

由于学校中各科都需要考核，同学们学习和复习，有一部分是为了应付考试，可能这些同学没有形成对专业知识的探索兴趣。如果学生在经过学校的一系列基础的和高等的常规教育之后，出了学校就再也没有重温书本的想法，那么这个生涯规划教育会让同学们对自己的人生走向产生兴趣，这里就起到了一部分类似于心理教育的效果，唤醒同学们的兴趣和求知欲，让他们跟着自己的职业规划走，培养起自己在某些领域真正的兴趣，这样在学习的过程中就会真正地投入，真正地为自己的前途而学习。所以，从生涯规划课堂中受到裨益的孩子会一直学习，而且还不是为别人学习，更不是受外力逼迫或者为达到考试要求的那种学习。但是，反思现在的一些学习观，比如，要为父母而学习或为国家而学习，我想问：为什么不是为自己的美好未来而学习呢？这里就出现了偏差，没错，为了以后给父母优渥的养老条件，为了以后为建设祖国做贡献，我们是需要努力学习，将自己打造成精英，但是父母和国家并不是我们逃避自己的挡箭牌，我们学习和成长的最大受益者是自己，身边的人只是间接受益。所以，为了自己，我们要正视学习，这样才能在生涯规划的学习中做出正确、有利的选择。很多人都不在人生的发展上做计划，都是在放浪形骸、随波逐流，不经意间发展成了现在的样子。

生涯规划教育鼓励同学们进行自主选择和规划，让他们朝着既定的目标前进，进而掌控人生的步伐。由于生涯规划教育中必定会有认知自我的环节，而这个认知自我又属于心理成长教育的范畴，因此，生涯规划是一种交叉的教育，它不是心理教育，它只是运用心理成长教育的形式来实现生涯规划教育的目标，这个性质是要理解清楚的。

发挥才能，实现自己的人生价值，这是生涯规划教育的核心。职业生涯的规划和探索是一个漫长的、逐渐深入的过程，需要同学们在思维逐渐成熟、心性逐渐坚定和人格逐渐成形的过程中逐步完成。在这个过程中，他们首先要思考的问题就是：我要成为怎样的人？当第一个问题解决后，接着的问题就是：我怎么做才能够活成想要成为的那个人？一般情况下，小学和初中阶段可能就是处于理清自己想要成为什么样的人的阶段，而到了高中阶段，可能会比较清晰地知道如何去做。如果未来想要成为一名物理学家，那就要在物理学习方面格外下功夫，在备考和报考的时候都要有意识地朝这方面靠拢。这是一个需要漫长学习和钻研的过程，可能从孩提时代就要开始行动了，如果前期投入的努力够多，打下的基础扎实，那么后期的成功就会水到渠成。

课堂三

认知价值观

背景介绍

（一）价值观的定义与基本特点

价值观是指个体对某些事物的认知、理解、判断和抉择，也是个体或者群体判断对错与评判事物的一种价值或者思维取向。任何一种价值观，在没有被绝对否认之前，这种思想所形成的视角、背景、判断和它所阐述的意义，都会有着一定程度上的客观价值所在，这种价值在于思想被认可的程度与意义，在于个体对其的理解感知，这是人性思维里最简单和最真实的评定方式，而个体的价值观也是从这些观点里面逐步形成的。

价值观的基本特点包括稳定性、持久性、历史性与选择性以及主观性。我们根据这些特点，就可以了解到个体的某种价值观形成的原因、经过以及日后发展的可能性。

首先，稳定性和持久性是指人们在特定的时间、地点、条件下，其价值观保持相对的稳定和持久。例如，人们对某种事物的价值和好坏总会有一个带有个人烙印的看法和评价，在影响因素不变的情况下，这种看法通常情况下是不会改变的。

其次，价值观具有历史性与选择性。因为在不同时代大背景和社会生活环境中，每个人形成的价值观都各不相同，不能说是完全各异，至少在同一种维度上，也会多多少少地存在差异。再加上人们的价值观是从出生开始，然后在家庭教育和社会多方面因素的影响下，经过年月的积累逐步形成的，人们所处的社会生产环境和经济地位，都能对其价值观的形成产生决定性的影响。另外，报纸杂志、电视广播以及其他的网络社交平台等宣传的价值取向，以及亲友、师长和公众名人的观点和行为，对群体和个体的价值观也存在着不可忽视的影响。

最后，价值观具有主观性，即指在个体的内心用以区分事件或者事物好坏优劣的标准，这个标准是根据其内心的道德、法律或者专业方面的综合的尺度对事物进行衡量与评价，在进行评价的过程中，这些标准都可以被称为价值观。

（二）价值观的能动作用

从上述的简单介绍中，我们了解到价值观的基本内容。那么，个体的价值观有什么价值和作用呢？它能对个体的生活、工作和心理成长产生哪些影响呢？

首先，价值观对个体的动机有导向作用，个体行为的动机受到价值观的重要影响，在类似的客观条件下，持有不同价值观的个体，其内在动机也会有所不同，从而导致其反映出来的行为模式也不尽相同。当然，只有那些通过个体的价值判断之后，被认可的事件或者事物才能成为该个体的行为动机，从而在今后的行动中影响个体的行为。

其次，价值观反映出个体的认知和需求状况。价值观是个体对客观的外部世界及自身的行为反应结果的评价和看法，因此，这些评价和看法在某种程度上反映了个体的人生观与价值观，反映了该个体的主观认知世界。

（三）如何认知和培养自己的价值观

个体经历漫长的生活事件，然后形成了相对稳定的、带有个人倾向性的价值观，个体对自己所持的价值观的自我觉知，有的是在意识层面，而有的是在潜意识层面。如果想要更好地掌控自己的行为，个体便必须对自身的价值观在意识层面有足够的认知。

个体认知自己所持有的价值观的方式，可以通过一些具体的行为来进行，比如，在对某个事件进行评判时，自己能意识到自己所持有的态度和标准；再比如说，可以通过参与集体活动、写日记、填写一些专业的价值观调查表以及接受教师和家长的评价等方式来认知自己的价值观。

至于如何培养自己的价值观，我们可以参考著名的生活方式问卷，该问卷是由莫里斯于 1956 年提出的，一共包括 13 种生活方式，分别用 13 段言简意赅、长短相近的文字描述出来，且这些生活方式所强调的内容都各不相同，其中的 9 种重点生活方式如下。

（1）保存人类最高的成就。某个个体参与其社区中的群体生活事件，其目的通常不是为了要改变它，而是为了去了解、欣赏和保存那些人类已成就的最精华的东西。

（2）培养独立性。个体必须避免依赖他人或外物而生活，人类生命的真谛，还是应该从独立的自我中去体验。

（3）对他人表示同情和关切。以对其他个体的关怀和同情为中心，将温情发展成为生活的主要成分。

（4）轮流体验欢乐与孤独。在美好的生活过程中，独处与群处都是不可缺少的生活方式。

（5）在团体活动的过程中实践和享受人生。个体应该要参加社群团体，在团体的发展中享受与他人的友谊和合作，以求大家一起努力，实现共同的目标。

（6）经常掌握变动不定的环境。个体应该要经常强调活动的必要性，然后从活动的过程中，谋求对现实世界和社会所需要的技术的改良，进行适当地解决和控制。

（7）将行动、享乐与沉思加以统合。

（8）无忧、健康地享受生活。

（9）品味人生中那些美好。

由此可见，我们可以在课堂和生活中，通过不同的技术、事件、活动，对上述的9种生活方式进行践行和体验，结合周围环境和人为因素的影响，在不断地修正和磨合中，养成属于个体自身的价值观，进而更好地知道自己今后的行为方式。

（四）关于职业价值观

职业价值观是指个体人生目标和态度在职业选择与规划上的体现，即个体对其职业发展的认知和态度，以及其对职业生涯中的目标的追求。个体对价值观的选择和评价，将有助于提高其自身的职业决策效益和工作满意度，所以说，价值观对于个体职业的影响，集中体现在其职业价值观方面。

俗话说“人各有志”，这里的“志”表现在职业价值观上就会影响职业选择，是一种具有目的性、自觉性和坚定性的职业态度与行为，对个体的职业目标和择业动机产生关键性的影响。

由于社会中的每个个体的身心状态、阅历年龄、受教育水平、家庭影响以及兴趣爱好等都各不相同，个体对社会上的各种职业的主观评价也褒贬不一，所以就会产生不同的喜好和选择。而各种职业在劳动性质、劳动难度和强度、劳动条件和待遇等诸多问题上，都存在着客观的行业差别，另外，各类职业在人们心目中的刻板印象也会形成不同的评价，所有的这些评价最终在意识层面形成了个体的职业价值观，进而影响人们对就业岗位的选择。

职业价值观代表了个体的职业期望，影响着人们在职场上方方面面的选择，决定着个体的工作态度和绩效水平，最终决定了个体的职业发展情况。鉴于职业价值观对于个体的重要影响，我们需要提前培养好自己积极的价值观，进而将这些价值观对职业生涯上的正面影响最大化。具体而言，在职业选择的准备阶段，个体便能思考自己适合的岗位类型，这也是在学习和成长中培养其职业价值观的一种方式。

课堂实录

笔记栏

老师：同学们好，我来自河南，大家可以叫我杨老师。

学生们：杨老师好。

老师：同学们，下午好！

学生们：老师下午好！

老师：好，谢谢同学们。请大家把状态调整好，轻松一点！快乐一点！让我看到你们嘴角上扬的微笑，每个人都跟旁边的同学握握手，并且向他（她）问好。

学生们：（握手）你好！

老师：这位同学，你干吗隔着这位同学跟他旁边的人握手问好呢？赶紧改了，向你右边的同学握手问好，不能越过旁边的人，对，这就对了，现在向你左边的同学也握手问好。这位同学，你为什么要把这位女生越过去？作为同学，男生跟女生握手是很正常的事情，来，她的右手和你的右手握住，作为男生，你要主动。现在我们的课堂就要正式开始了，请大家看屏幕。我们今天要给大家上的是一堂职业生涯的规划体验课，大家看屏幕上显示的这堂课的主题叫什么？

学生们：价值观。

老师：大家看到这个题目，能够理解吗？我们这堂课要探讨的是价值观，这里所说的价值观是指谁的价值观呢？当然是我们每个人的价值观。我非常高兴能和三（16）班的同学们一起来探讨价值观这个话题。今天是周六，同学们这么难得用周末的时间来到这里参加我们的体验课，相信大家的内心也是充满了好奇和期待，我也希望大家能用心参与，我们一起上好这堂课。言归正传，这堂课我们应该怎么上呢？请大家看屏幕上的要求，然后一起读一遍，预备……读！

学生们：全情投入，积极参与，彼此尊重，积极倾听！

老师：你们能不能做到？请大声地告诉我，能做到吗？好！你们齐声说能做到，我听到了你们响亮的、肯定的回答，我就认为你们承诺我能够做到了。那么，请继续看下面的内容。

从“社会主义核心价值观”中的积极品质谈起（国家、民族层面），一步步细化到个人，让学生更好地理解价值观的含义。

何谓价值观？价值观是指一个人对某些事物的认知、理解、判断以及抉择。价值观还是人们认定事物和辨别是非的一种思维或价值的取向。最近几年传遍街头巷尾的、全民皆知的“社会主义核心价值观”就属于价值观的范畴。这个核心价值观乃是对社会风气最简洁和最标准的规定，一共包括 24 个字，这 24 个字的价值观是我们中华民族浓缩凝练的、全民皆认同的和必须付诸实践的价值观。接下来，请同学们齐声朗读一遍，社会主义核心价值观是富强……读！

学生们：社会主义核心价值观是富强、民主、文明、和谐，自由、平等、公正、法治，爱国、敬业、诚信、友善。

老师：好的，大家继续看大屏幕，这堂课，关于这个价值观，老师不深入和升华地去探讨国家与社会层面的核心价值观的内容，而只讨论我们个人层面的。我们必须对自己目前所具备的价值观清楚明了，那样才能够弄清楚今后的我们最想要什么样的价值观。前面关于价值观的定义中，提到价值观是一种认知，是一种理解，是一种判断，也是一种抉择，那么，这也更加地说明了价值观就是我们认为的什么才是我们的生活和学习当中最重要的，或者说哪些是我们需要的和选择的。

约定纪律，使学生们能够在课堂中更加投入。

价值观对我们个人来说非常重要。我们每个人都是在价值观的引导下行事的，我们只有明白了自己的需要和选择，将来在选择自己想要从事的职业的时候，心里才会更加地清晰和明了自己的喜好，自己需要什么样的工作，需要从事什么样的行业，需要如何去做好日常工作。由此可见，价值观在这里就具有一定的指导性。

在接下来的环节中，我们将会做一些选择，在这个选择活动开始之前，希望大家能按照我们刚才约定的——全情投入，积极参与，还有彼此尊重和积极倾听。希望大家能做到这几点。现在，我们先看大屏幕，把注意力集中到这里，有看不见的同学，可以挪动位置或者改变坐姿以看清屏幕上的文字。

屏幕上写的这个选择，是一个重要的选择，牵扯到你们每一个人，大家要认真思考。假如明天过后，冰封大地，地球变得极其寒冷，其寒冷的程度已经不再适合人类生存，慢慢地，有一些抵抗力差的人先被冻死。但是你住在北回归线，非常幸运地拥有一处不会因为寒冷而被急速冷冻的秘密基地。这是一个能带给人幸运的秘密基地，且这个秘密基地是属于你个人的，这个基地里面有食物和水，可以供应你的日常饮食，满足你的生存需要，还有燃料，你能够借此取暖。但是这个基地的生存资源供给的量，只能勉强支撑 6 个人生活 3 个月。3 个月

刺激的、引人入胜的情景设置，使学生有积极参与的兴趣。

之后就算秘密基地的生存资源消耗殆尽，也不会有生命危险，因为情报显示，3 个月以后冰冻危机就解除了，这 6 个人就会得救。只要能进入这个秘密基地里躲过冰冻危机降临的这 3 个月，你和另外的 5 个人就可以渡过难关。请注意，想象你现在就处在这个极度寒冷的环境里，在你进入秘密基地之前，你只能从下面我提到的所有人中，选出 5 个人和你一起生活，这 5 个人将会顺利存活下来，而其他人将会面临冻死荒野的灾难。你会选择下面人中的哪 5 个呢？

请大家看大屏幕，这里显示的各行各业不同的从业人员共 16 个人，你们每个人都要从这里面选出 5 个人，大家不要说话，也不要跟别人交流和商量，你们只需静静地想，然后安静地做出自己的选择即可。为了避免后面的同学看不清楚，老师可以读一遍上面的这 16 个人的基本职业信息，以供你们做出相应的选择。

第一位是学识渊博的大教授，你想一想，你要不要跟他一起生活？别交流，自己想。第二位是顶尖的气象学家。第三位是医术高明的医生。第四位是形象设计师，可以帮你打扮和搭配，让你看起来很时尚。第五位是特种兵。第六位是建筑师。第七位是 24 小时都快乐的小丑。

你们要默默地想，我念出来的时候，你们要决定是不是留下他，决定要不要跟他在秘密基地一起渡过这 3 个月的难关。第八位是影视明星。第九位是能看穿人心的魔法师。第十位是你最亲的人，就是跟你关系最好、感情最好的人。第十一位是游戏设计师，我们都喜欢玩的游戏就是计算机游戏设计师制作出来的。第十二位是一位怀孕的妇女，她在孕育一个生命，过一段时间就要诞下新的生命了。第十三位是一个国家的总统。第十四位是心理学家。第十五位是能帮助你成为世界第一的人，不管是哪一方面，反正就是能帮助你成为世界第一。第十六位是世界首富。

结合PPT的展示，将问题的情景交代清楚，注意在这么冗长的宣读中，要在教室内走动，保持抑扬顿挫的语调，尽量让学生们注意力集中。

好了，我已经介绍完这些人的基本职业背景了，你们不要跟别人交流，因为这个问题没有标准答案，每个人都只能选择 5 个人，没有对错，只要表达出自己的想法即可。这 16 个人也同样和你一样，都面临着这种极度寒冷的冰冻危机，但这个秘密基地只能供你选择其中的 5 个人，我现在给大家每人发一张表格，你们要从这 16 个人里面选出你想一起生活和避难 3 个月的 5 个人。你们自己静静地做决定，不要与别人说话和交流，只需在选择的表格上写下这些人相对应的编号，然后在编号后面写下选择的理由，当这 5 个编号和 5 个理由写完之后，最后再写上你的选择标准，也就是以上各个理由的共同点。而且这个选择的时间也不能太长，因为天气过于寒冷，如果你们选择的时间太长，本来能活下来的 5 个人，也会被冻得有生命危险了。在这里，我只给你们 10 分钟的时间选择和填写理由及标准。

好了，10 分钟的时间到了，我来找同学分享一下。这位同学，你选择的是哪 5 个人？为什么做这样的选择？你做出这 5 个选择的标准是什么？

学生 1：我选择的第一个是学识渊博的大教授。我的理由是知识就是力量，我们要将人类的科技文明传承下去，这些知识能够帮助我们重建这个世界。第二个我选择的是医术高明的医生，因为医学可以拯救人的生命，提高我们的生存概率。接下来是第三个，我选择的是建筑师，选择他，我们能以最快的速度在危机解除后重建家园。第四个我选择的是最亲的人，因为我需要一个人来给我力量、希望和信心。还有第五个，我选择的是怀孕的妇女，为的是人类和世界的未来。

老师：非常好，大家掌声鼓励他。这位同学

非常棒，现在请到前面来，那么对你来说，以上5个理由的共同点是什么？大家听听他怎么说的。

学生1：为了明天。

老师：他的选择标准很简单，就是说一切都是为了明天，大家掌声鼓励他。好的，你请坐。大家注意了，这个选择没有对与错，也没有好与坏，你做出的选择，只是你自己的一种价值、抉择和认知。我再找一位同学来给大家分享一下。

学生2：老师，我可以一次性把我的选择和理由一起串起来讲吗？

老师：可以。

学生2：我选择的分别是医术高明的医生、最亲的人、怀孕的妇女、能看穿人心的魔法师和特种兵。我先讲一下选择的理由，我选择最亲的人，毫无疑问，遇到这种世界末日般的灾难，我们都会有一种绝望的感觉，而最亲的人可以在这种极端的情况下给予自己最大的鼓励，让我有勇气坚强地活下去，然后对生活仍然抱有希望；选择怀孕的妇女，第一个原因是出于人道主义，第二个原因是她很可能在这3个月里诞下一个新的小生命，这对充满绝望的情景

学生进行选择结果的分享时，不对其选择做任何优劣方面的评价。

来说，代表着一种希望；然后如果遇到要生产的状况的时候，这位怀孕的妇女相应地就需要医术高明的医生进行专业的照顾，而且这位医术高明的医生，在许多特殊的情况下，都能帮助我们解决许多疾病上的困扰。

然后选择能看穿人心的魔法师和特种兵，其实这两个角色是相互对立的，选择魔法师是因为在这种资源缺乏、极度寒冷的极端情况下，人心莫测，说不定就有人想搞破坏，这时候这位魔法师为我所用，他的作用就能很快地体现出来了，看破人心，我就不需要有其他的顾虑。这是其中的一种情况，如果又有另外一种情况，如果魔法师本身就想占领秘密基地，从而取代我的位置，这时候特种兵就该发挥作用了，这位特种兵是由国家特殊培养出来的、能打抗揍的高手，他即使是在特殊的环境中，也能冷静地解决各种问题，包括保护我这个普通老百姓的利益，从而能与那个魔法师分庭抗礼。最后，我选择的标准就是生存！

老师：掌声鼓励他。在最恶劣的情况之下，生存也是第一重要的。接下来我再找同学进行分享。行，这位同学，你来讲一讲吧。

学生 3：我第一个选择的是最亲的人，这不在学生们进行每人几分钟的分享的时间段内，教师要通过眼神或者全场走动等方式，提醒其他学生安静和用心倾听。

需要理由。第二个选择的是能帮助我成为世界第一的人，这虽然是一次灾难，但同时也是一次机会，我可以借助这次机会谋取更好的未来，希望这个人能帮助我成为世界上魅力第一的人，之后我就能凭借我的个人魅力，去领导人们进行灾后重建。第三个选择的是特种兵，因为灾后的世界，其秩序是处于被破坏的状态，我们需要有威信的人维持秩序。第四个选择的人是建筑师，灾后重建家园的任务很艰巨，需要专业的人士对大家进行指导，毕竟物质资源和居住场所也是非常重要的。第五个我们需要的人，是能看穿人心的魔法师，他能帮助我们排除那些思想不端正的人，尽管我们在排除异己，但是我们仍然会以诚待人。我们在对待这位魔法师的时候也不要害怕，即使他看穿了我们的内心，但是他看到的也是最真实、最真诚的我们！我们只有团结一心，才能有更美好的未来。我选择的标准是重建灾后的美好生活和远大的利益。

老师：很好，不过我要先捋顺一下。你第一个选择的是最亲的人。第二个选择的是谁？

学生 3：能帮助我成为世界第一的人。

老师：第三个选择是谁？

学生 3：特种兵。

老师：第四个是？

学生3：建筑师。

老师：第五个是？

学生3：能看穿人心的魔法师。

老师：很好，大家注意，刚才他分享的时候慷慨激昂，阐述了自己的选择以及选择的理由。但是我注意到一个细节，他写的顺序和说的顺序不一致，帮助我成为世界第一的人，写的时候是排在第五位的顺序，但在说的时候，他把这个人调整到了第二个。同学，老师可以问一下为什么吗？

学生3：因为我写的时候没有很大的感觉，但是在说的时候，突然觉得可能只有自己有实力了，才最能赢得众人的信服。而他在帮助我成为世界第一之后，我掌握的就会是来自自己的力量，那时候的我，甚至在有些方面都不需要凭借他人的力量，完全能胜任领导灾后重建世界的重任。

老师：非常好，大家鼓掌感谢他的分享，你请坐。我看到前面分享的这3位同学，他们都选择了最亲的人，但选择最亲的人的位置不一样，有把最亲的人排在第一的，也有排在第二的，还有排在第四的。这种选择没有对错之分，这里的顺序只是对自己内心价值需求的一种展示。好的，我们接着看第四位同学的选择和理由以及标准。

学生 4：第一个我选择的是医术高明的医生，因为我需要他保证我们团队 6 个人在避难的 3 个月期间的生命健康，还需要他解决灾后人们的健康问题，更需要他防患灾后的瘟疫于未然，让大家尽可能健康地活下去。第二个我选择的是建筑师，因为他能在 3 个月的灾难之后帮助我们重建世界。第三个我选择的是心理学家，因为我想让他确保在避难的 3 个月内，所有人都能心理健康地友好相处，避免恐慌。第四个我选择的是一个国家的总统，因为他有足够的影响力和领导力，无论在避难期间，还是在灾后重建期间，他都能成为团队的核心，能将团队中的所有人拧成一股绳，团结起来，进而维持秩序，带领我们渡过难关。第五个我选择的是怀孕的妇女，她能为团队带来新的生命，为灾后的人类带来新的希望。而且怀孕的妇女，她一个人拥有着两个人的力量，以及两代人类的寿命。那么，我做出这样的选择的标准就是他们都有利于渡过难关，且有利于灾后新世界的重建。

老师：好，掌声鼓励他。特别棒，好，你请坐。我刚才也观察到，有几位同学选择了怀孕的妇女，可能都认为怀孕的妇女代表着希望和未来。好的，没有对错，我们不做任何的评价，大家请注意，都看一下这里，刚才大家选择的这5个人，他们反映了你现在最看重的5种价值。这里面没有对错与好坏之分，没有前后重要与否的比较，大家也不要去考虑别人选择的和我选择的有什么不同，也不要妄自菲薄地认为他人的选择是对的而我的选择就不好。选择没有标准答案，也不会有评价，就是这样一个展示你们内心想法的环节而已，但是它代表的是你自己最看重的5种价值。

那么都是哪些方面的价值呢？你看看自己选择的这5个人都代表的是哪些价值？有哪些同学和你的选择比较类似呢？大家可以和身边的同学交流一下。亲爱的同学们，当你们在选择这5个人的时候，实际上是有一定的取舍难度的。16个人中只能有5个人和你一起去避难，一起免予面对极度寒冷的危险，一起度过这3个月，你要在这些人当中做出取舍。有的人，实际上你们在选择的时候也很不想把他（她）丢掉，比如说，怀孕的妇女，有的人选择了她，有的人没有选择她，但是并不等于说没选择怀孕的妇女的人就没有爱心，就没有看到希望。

而是因为在这种需要考虑大局的危急情况之下，我们只能遵从内心选择最需要的 5 个人，即选择自己最看重的那 5 种价值。

继续进一步地筛选，意在选出学生们心中最看重的那些价值观。

那么接着我们再来做出进一步的选择。根据当初的情报，可以确定 3 个月以后，冰冻危机就会解除，于是有 6 个人一起住进了拥有 3 个月生活资源补给的秘密基地空间。然而不幸的是，1 个月之后传来最新的消息。危机还会持续 2 个月，这意味着秘密基地空间中的生活补给就不够支撑 6 个人的生活，那么大家就必须在原先选定的 5 个人中，放弃其中的 2 个人，以保障剩下的其他人的需要。你们有权选择放弃谁和留下谁，那么，你们将如何再次做出选择？请大家认真地衡量心中的感受，慎重地做出自己的选择，不要跟别人交流，听从自己内心的选择即可，在你们手上写好的表格中，划去 2 个人，然后没有被划去的那 3 个人，就是你选择留下来的那 3 个人。选择完之后，大家可以主动站起来分享你留下来的是哪 3 个人，然后说一下你选择留下他们的原因是什么。你们不得不做出选择，虽然真的很艰难，但是一定要选择。有的同学已经非常果断地做出了选择，有的同学还在不断地犹豫和纠结，时间很有限，不够你们做缓慢的、充分的考虑，你们要赶快做出决断。来，这位同学，你来说一下你的选择。

学生 5：我选择的第一个是最亲的人，理由很简单，感情千万种，亲人第一种。然后我选择的第二个是气象学家，发生这种冰冻期被延长而我们不能提前预知的情况，就是因为对天气的预测不太准确，所以我觉得气象学家对以后的人们来说非常重要。还有一个原因，就是因为他是一个气象方面的专家，我们可以跟着他学习气象方面的知识。第三个我留下的是特种兵，选择他，我有 3 个方面的原因，首先是因为他有强健的体魄，可以保护我们的安全；其次是因为他还可以用作战常识帮助我们避免生病，我们可以跟着他学习如何在野外生存，这样他也可以在一定程度上起到医生的作用；最后是因为他还可以用坚韧的性格感染到大家。

老师：好，特别棒，大家掌声鼓励他。还有谁写好了愿意跟大家分享的？

学生 6：老师，我想问一下，除了这 16 个人，其他人在哪里？

老师：其他人都不在了，对，只剩下这 16 个人了。

学生 7：我第一个选择的是最亲的人，因为在这种两次的打击下，我可能会很绝望，这时候就需要有人给我力量。第二个我选择留下的人是医术高明的医生，因为要确保最后4个人的生命健康。然后第三个是特种兵，因为特种兵特别厉害，能够保护我们，给我们安全感。

在交流的过程中，教师要注意观察，出现一些情绪状况的要给予及时关注，个别的地方要特别分享。

老师：为什么那么激动？

学生7：没有很激动的，可能比较紧张。

老师：好的，大家掌声鼓励他。这位同学内心比较激动，世界上本来有数以万计的人，最后就只剩下了16个人，然后先要从16个人里选5个能存活下来的人，这第一步就已经很残酷了，然后又要从这选出的5个人里再去掉2个人，只留下3个人一起避险，这种选择时内心的痛苦、绝望和悲伤，在这位同学这里都体现出来了，所以让你们在这5个人中选出3个人的时候，真的是特别难。好的，现在你请坐，大家掌声鼓励这位同学吧。那么接下来，还有谁想要分享的？

学生8：我的选择中，第一个是怀孕的妇女，第二个是医术高明的医生，第三个是国家的总统。因为在审视这个问题的时候，我粗略地发现，这是一个类似于末日来临之际，众人抢占诺亚方舟席位的问题。

从几个因素来考虑，首先是为了维护世界人口的延续，人类生命的繁衍和延续是必不可少的，因为在人类的传承中，不考虑其他因素，如果没有人类这个种族存留，那么最终还是无法逃脱灭绝的命运。所以，我觉得种族的延续是优先需要考虑的问题，所以我首先将怀孕的妇女和医术高明的医生留下来。而以后在重建社会基础设施、基本秩序以及培养劳动力的方方面面，领导能力都有着重大的意义，因此，第三个留下的就是国家的总统。等到人类在灾后重建中进行充分发展之后，国家还是会重新建立起来，这里的法律、秩序等都需要一个有魄力的领导者带领大家去完成，总统知道如何安抚民众的情绪和处理各方势力之间的冲突。我们知道，灾后重建的过程中，类似群体之间对资源和权力的争夺，这些突发情况都是不可避免的！正因为如此，我们才需要一个能镇得住场面的人。我选择留下这 3 个人，也不是为了别人，我没有什么最亲的人，我这样做，为的是人类种族的繁衍以及人类精神文明的传承。

老师：太棒了，大家掌声给他鼓励，他考虑得更多的不是他的个人和家庭，而是整个人从学生的分享中，采摘出出彩的观点，进行鼓励。并对这些选择背后代表的具体价值观做一定程度的讲解。

类的延续和文明的传承，这个真的是非常伟大，你请坐。同学们做出这些选择，真的是会越来越难，这个难度表面上体现在你要做出选择，留下这几个人，实际上你最终留下的这几个人，代表的就是你的价值取向。比如说，我选择留下了我最亲的人，这代表了我的什么样的价值观呢？如果说我留下了怀孕的妇女，那么这又代表了一种什么样的价值观呢？

所以，并不是说你们一定要选择让某个人留下来，这种选择才是对的或者好的。请大家看看你们的选择后面的理由，再想一下自己放弃另外 2 个人的先后顺序，这个顺序，也表明了不同的价值取向在你们心中的重要程度。之前已经选择好的前面的 5 种价值取向，在这种不得已的情况下，你们又放弃了 2 个人，而且放弃得越晚，表明你越想保留它，那么这种价值取向在你们心中的重要性就越高，而你们最终留下的这 3 个人，就代表了你们现在最看重的 3 种价值取向。那么你们最看重的到底是哪些价值观呢？

接下来还要有考验。看一看时间，避难的时间总算是快接近尾声了，大家看看自己当初选择留下来的 3 个人都有谁。不幸第三次降临，最新的消息显示，冰冻危机还要再持续 2 个月，所以你们必须从这 3 个人中再做出选择，要放弃其中的 2 个人，只留下 1 个人和你们生活。你们在想留下的那个人后面打对钩。你们想留下谁？你们将做出何种选择？只能留下 1 个人。想好的同学举手示意我。

学生 9：我觉得完全不需要考虑，现在让我放弃自己，我都不会放弃最亲的人，所以我选择最亲的人留下来。

老师：好，大家掌声鼓励他。他选择留下的是他最亲的人，那么，最亲的人代表的是哪一种价值取向呢？这位同学请说一下。

对所代表的价值观进行具体的澄清。

学生 10：亲情。

老师：家庭中的爱，让人感觉很温暖。你请坐。好，这位同学，你来说。

学生 11：我选择留下医术高明的医生和建筑师。

老师：只能在他们 3 个人中选 1 个留下来。

学生 11：我放弃我自己。

老师：为什么？

学生 11：在剩下的这 4 个人当中，我和怀孕的妇女是没有什么特长能力的，那么再过几个月，就只能选择 2 个人继续生活了，其中的医术高明的医生能保证人类的生命健康，另外1个建筑师有助于灾后重建，而我在这4个人当中，已经可以说是没有什么大的作用，是可以被淘汰的。

老师：好，大家想一下，他保留的医术高明的医生和建筑师代表了他什么样的价值取向呢？这位同学，你来谈一谈。

学生12：为了全人类。

老师：选择医术高明的医生，代表了一种什么价值取向？

学生12：生命的健康。

老师：生命的健康，很好。那么，选择建筑师呢？

学生12：希望。

老师：希望也是灾后重建家园的动力，大家掌声鼓励他。在最后的选择中，他把自己给淘汰了，原则上是不允许淘汰自己出局的，因为你作为做出选择的人，是要一直做出选择直到最后选择另外一个人和自己一起存活下去。这是为了澄清你的价值观，找出你最看重的价值。这个环节的用意就在于这里，同学们无须多虑，这里没有道德上的评判，选择无好坏与对错之分。

谢谢大家的投入，接下来，大家看看你们目前的选择是什么，这些选择真正地代表了你最看重的事情。那么设想一下，3 年之后你的选择还会是这样吗？会不会有可能发生变化呢？随着我们的成长和发展，我们还可能在价值观上发生变化，我们不断地在寻找、澄清和做出选择，实际上，我们现阶段所持有的这种价值观，会随着客观世界的变化和对我们的影响，会随着社会的变迁和个人的成长，在不同的时期有不同的呈现。那么，请大家在 2 分钟内，左右 3 个人为一组沟通一下各自最后的选择是什么，其中所代表的价值观又是什么。现在开始交流，互相看一看你们最后的选择是什么。

……

好的，时间到！大家看大屏幕，我们一起来总结一下。大家看到的屏幕上显示的内容是一位心理学家通过长时间研究所得出的成果，老师把他的成果列出来，这些都是价值观。

大家注意了，我们刚才那些一环接着一环的淘汰和选择，其实是一层一层地对我们的价值观进行剖析，也是为了选出我们心目中最重要的那种价值取向。那么，现在大屏幕上列出了 13 种价值观，这 13 种价值观是心理学家们以人类为研究对象，经过各种方法提炼总结出来的价值观。

将职业与价值观对应起来，让学生们意识到自己最看重的是哪几种价值取向。

第一种价值观是成就感。拥有成就感的人，关心取得的成就和得到的赞扬，会努力实现自己想要的目标。那么，同学们看一看，刚才我们选择的这些人中，哪个人最能突出地代表成就感呢？就是那个能帮助自己成为世界第一的人。第二种价值观是美感。美感就是要追求美的东西，刚才的人中，形象设计师就代表了美感的价值观。第三种价值观是挑战性。善于挑战的人，都喜欢动脑学习、探索新事物和解决新问题，这种价值观，你觉得谁比较符合？有人说是学识渊博的大教授，还有人说是特种兵。是的，就是特种兵，特种兵最具有挑战性。第四种价值观是保持健康。持有这种价值观的人，都比较关心自己的健康与生命安全。那么这些人当中，选择医术高明的医生的人，都持有保持健康的这种价值观。然后第五种价值观涉及的是收入与财富，那么这个世界首富就代表了收入与财富。第六种价值观是独立性。在这群人里面，有的同学说代表独立性的是 24 小时都快乐的小丑，因为他能按照自己的方式、步调和想法去生活，不受他人的干扰，有的人说是能看穿人心的魔法师，还有人说是心理学家，也有人说是一个国家的总统。看来每位同学都有自己的看法，你们提的这几个人，他们都有共同的点，可能他们都具有一定程度的独立性。我们再来看第七种价值观是爱、家庭和人际关系。这个的代表人物是最亲的人，还有怀孕的妇女也是和爱与家庭有关系的。接着第八种价值观是道德感。是指看重社会默认的道德规范，以德为先。刚才很多人选择留下怀孕的妇女，也是出于道义方面的考虑，当然你也可以说选择怀孕的妇女是出于对生命的爱，出于人类家庭和种族的延续。第九种价值观是欢乐。欢乐的代表人物是 24 小时都快乐的小丑。接下来第十种价值观是权力，一个国家的总统是这种价值观的不二代表。第十一种价值观就是安全感。特种兵能让人感到安全，心理学家也能让人感到安全，医术高明的医生也能让人感到安全，他们都可以作为安全感的代表人物。第十二种价值观是自我成长。能帮助自己成为世界第一的人，我们选择他就意味着我们想要自己变得强大，我们会通过丰富自己的经验和提高自己的能力，来成长自己，并实现自己的价值，在某一方面成为顶尖级的存在。第十三种价值观是协助他人。怀有这种价值观的人，容易产生利他行为，会致力于为大众的幸福和利益而努力奋斗。比如说，建筑师会协助大家重建家园。

这 13 种价值观大致就是这样一些内容，大家在今天的这个环节中，因为时间的关系，可能没有进行特别深入的探讨，但是这些选择和取舍，让我们初步地了解了自己的价值观，那么今天的课程学完之后，你们有什么样的收获和感受，大家可以谈一谈。这位同学举手示意了，你来说一下吧。

学生 13：我觉得在灾难来临的时候，可能每个人都不想丢下最亲的人，不到万不得已的时候，肯定是不会丢下的。但是到最后选择一个与自己一起存活的人时，选择的结果如何，都是说不定的，可能自己到最后一刻才知道应该做出什么样的选择，有的人甚至最后会放弃或者淘汰自己，我想大多数人包括我，还是会选择留下自己的。

对已经做出的选择与价值观进行对应和探讨，以启发学生们对自己所持有的价值观的认知。

老师：还是会选择留下自己，也不错。这位同学的分享，让我们知道他是一位看重爱和家庭这种价值观的人。那么，还有没有同学要谈一下自己的感受和体会的？

学生 14：我认为真正喜欢权力的人，他是不会选择一个国家的总统的。

老师：什么意思？

学生 14：真正喜欢权力的人，是不会喜欢有一个总统来和他争夺统治权的。

老师：就是说喜欢权力的人不会再选第二个同样的人对吗？俗话说，“一山不容二虎”，你的意思是说我是个喜欢权力的人，然后如果我把总统留下来，这样就会出现权力的纷争，我明白你的意思了，非常好。接下来还有谁要讲话？你来。

学生 15：人类只是银河系中的一粒尘埃，我们首先应该要考虑人类种族的延续，再去考虑权力的分配。

老师：很好，大家掌声鼓励他。时间差不多了，那么，各位同学，大家都站起来。非常感谢我们三（16）班的同学们在本堂课上的投入与参与。希望今天这一堂课能给大家一些启发，你们在课堂上填写的表格，可以拿回去继续观看和思考，今后的人生中，我们的价值取向还会在内因和外因的作用下产生一些调整与变化，所以大家的价值观也不是已经固定下来不变了的，这些内心的意识都会在动态之中不断发展。再次感谢各位同学的到来，大家再见！

学生们：老师再见！

老师：谢谢，请各位同学排队，有序地离开教室。

课后督导

本堂课的课后督导与课堂四《遇见个性的自己》的课后督导融合在一起展示，原因在于：课堂三《认知价值观》与课堂四《遇见个性的自己》的评课教师，由课堂的观摩教师们组队而成，本次评课是集众家所长而成，对两堂课中一些细节化的环节提出了改进建议。

课堂四

遇见个性的自己

背景介绍

（一）什么是个性

假设让你去比较自己两个最亲密的朋友，比较他们在哪些方面相似，在哪些方面有所不同，你可能会快速地分析两个朋友的人格，然后可能会发现一个朋友比另一个朋友更友善或者更自信。这就表明了你已经将自己的人格理论应用到了自己的人际关系处理中——你有一套评价人们人格的体系。在生活中，你会用自己的信念体系去确定新班级中谁将会是自己的朋友或者敌人；你可以通过对父母或教师的人格解读，去发现对他们的应对策略。

心理学家对人格进行了多个角度的定义，而在这众多的定义中，有两个基本概念是被一致认同的：人格是个体的独特性以及行为的特征性模式。人格的英文说法“personality”，也译为“个性”，所以我们这里谈论的人格，指的也是人的个性，我们可以将它定义为：个体的一系列复杂的心理品质，具备跨时间、跨情景、一致性的特点，对个体一贯行为的特征性模式有独特的影响。

（二）个性的重要性

人格理论即为个性理论，是指对个体的人格功能和结构的假设性说明。该理论的作用在于能帮助个体理解人格的结构、起源以及与此有关的特点；还可以让人通过分析人格测量的结果去预测行为和生活事件。不同的人格理论对人在一定条件下如何做出反应或表现出适应行为有不同的预测。

那么在帮助学生进行生涯规划的方面，个性有什么重要的作用呢？通过对学生的个性的分析，进而预测其行为和生活事件，能发现社会中与学生个性相契合的领域和职业。因为个性是相对稳定的心理结构，我们可以通过挖掘个体个性之中积极和能动的方面，对其能力发展和选择规划方面进行正向的推动。

人格等同于个性，而个性又包括性格和气质。有人说，性格决定命运。可见，性格对一个人未来发展的影响是不容小觑的。而性格是个性当中的核心内容，所以个性对于个体的未来职业发展有着举足轻重的作用。个性影响个体能力的发掘和发展，个性影响个体的兴趣选择和能力养成，个性还能最终影响到个体的职业规划和人生轨迹。

元分析和文献综述得到的证据有力地说明，在大五人格特质上得分积极的人，往往在一系列效标上也得分积极，这些效标包括幸福感、问题应对、长寿、健康行为、人际关系、创造力、学习成绩和职业适应。而大五人格特质正是一个人个性的体现。在这些特质中，责任心与学习成绩和工作绩效有着比较紧密的联系。长久以来，人们都认为责任心对学习成绩和工作绩效非常重要，尽管其他特质也很重要。在一个包含 23 项研究、涉及 5000 多个案例的研究中发现，大五人格特质中只有责任心与大学学习成绩显著相关，在其他学者的实证研究结果中也同样得出类似的答案，即团队成员在责任心和宜人性维度上得分的平均值越大、方差越小，团队绩效越高。责任心对工作绩效重要，而情绪稳定性和外倾性对工作满意度重要。

（三）认知自己个性的途径

人们认知自己个性的途径有大致 3 种：自我观察、他人评价和在集体中感知。

第一种途径在于自我观察。具体来说，就是通过自我观察和分析，即内省，有意识地用正念、冥想、日记等日常的方式记录和分析自己的内心活动，描述内心真实的情绪与情感体验，以此评价自己的行为表现和个性特征。自我观察还可以通过与旁人的比较而获得，特别是与伙伴的比较，通过比较的结果，加深对自身个性特点的认知。

第二种途径就是通过他人与自己在交流中的反应和评价去了解自己。他人评价是我们认知自己个性的一面镜子，有助于我们获得对自己个性的客观、完整和清晰的认知。不过，不能过度地在乎别人的评价，当这些评价过好或者过坏时，就会失真，比如，讨好卖乖的评价容易使人的内心膨胀，而尖酸刻薄的评价就容易让人变得垂头丧气。所以说，理智地面对他人对自己的评价是内心变得成熟的表现。

第三种途径就是通过感知自己在集体中的位置、作用、价值和人际关系来了解自己。可以以一些好的榜样作为学习对象，通过不断修正自己在个性特征上的缺点和负面影响，来达到在公共生活中做出得体出众的举止的目的。

所以，通过以上三大方面的途径的锻炼和培训，相信同学们可以结合具体的技术认知到自己真正的个性特征。

课堂实录

笔记栏

老师：我是老师，同学们好。

学生们：老师好。

老师：我看到同学们都笑了，上课形式跟以往同学们接触到的学科教学的课堂有点不一样。你们现在有什么感觉？有什么感觉就说出来。

学生们：就有点好奇。

老师：你呢？

学生1：没感觉。

老师：还没有感觉。

学生2：跟以前不一样。

学生3：很激动。

老师：那么，就让我们带着激动和好奇的心情，也或者是没感觉的心情，来期待这堂课的开始，老师相信大家在经历过这堂课之后，会有新的收获和认知。大家现在跟我一起把黑板上的这几句话齐声朗读一下。全情投入……预备……读！

学生在思考教师所提问题的时候，要有相应的指导语。

学生们：全情投入，积极参与，彼此尊重，认真倾听，分享快乐。谁参与多，谁收获大。

学生在回答问题的时候，教师要带着欣赏的目光，认真倾听，积极关注。

老师：“谁参与多，谁收获大。”这句话的意思就是说，在这堂课中，大家要用心投入和参与进来，谁更好地参与进来，谁的收获就越大。接下来请大家看大屏幕，这堂课要讨论的就是这个主题，同学们一起读出来。

学生们：遇见个性的自己，初中生生涯规划。

老师：在这个主题里面，大家能捕捉到哪些关键词呢？

学生 1：规划。

学生 2：个性。

老师：还有生涯，生涯怎么理解？

学生 3：人的一生。

老师：生涯规划怎么理解？

学生 4：对自己一生的规划。

老师：用通俗的话来讲，就是设定我们的一生怎样度过，或者说我们想要有什么样的成绩，想要做什么的事情，想品味什么样的人生。那么，我们在规划自己的生涯之前，最好要先遇见个性的自己，有没有谁知道个性怎么理解？

学生 5：自己的性格。

老师：就是自己的性格！这位同学说得非

常好，个性确实就是自己的性格。那我们班在场的同学中，你们觉得哪个同学最有个性？现在，当我数到123的3的时候，大家一起将手抬起来指向那个最有个性的人。来，1——2——3！好的，我看到大家的选择主要集中在这两位同学身上，来看看他们最突出的个性是什么，大家说说看，就你们的了解，这两位同学最突出的个性是什么？换句话说，就是你们认为他们俩身上最明显和最有代表性的性格是什么？

教师的指导语，要清晰有力，可以进行动作或者语言上的示范；语气抑扬顿挫，要能够带动气氛。

学生们：贪玩。

老师：一说贪玩，大家就会说到这位同学是吗？那么另外的这位同学呢？一提到这位同学，大家最先想到的词是哪个？

学生们：贪睡。

老师：好的，贪睡和贪玩是两个突出的个性。有的同学说贪睡、贪玩是不好的，但是现在，这两个个性我们不去评论，毕竟你们现在处于辛苦学习的阶段，同时也是天真烂漫需要玩耍的年龄阶段，贪玩、贪睡了一些也是人之常情，而且会玩也是一种潇洒的人生境界，同学们，同意吗？同意的给老师鼓鼓掌。老师问问你们，有没有谁不喜欢睡觉？你们初三现在学习压力比较大，可能平时的休息时间没有初一和初二的同学那么充分，相信大家都喜欢睡觉，这也是可以理解的。

好，大家跟着老师看一下大屏幕，我们刚才谈到性格，从心理学角度来说，性格就是一个人对现实世界的一种稳定的态度。你们从出生到现在，遇到过许多不同的人和不同的事，然后慢慢地形成了自己为人处世的一套应对方式，以及与这种为人处世的态度相对应的、习惯化了的行为方式中表现出来的人格特征，这些都带有你个人形成的特色，这个就被我们称为性格。这个一经形成就比较稳定，且不容易改变。

故事浅显易懂，且生活化，容易让学生们联系到自身的状况，以产生即时调整的意识。

为了让你们更容易理解这个概念，老师给你们讲个故事。有个人有两个儿子，一个儿子特别乐观，一个儿子特别悲观。这个人觉得自己两个儿子的这两种性格都不好，都太极端，需要给他们进行调整。于是，这个人给他乐观的儿子铲了一屋子的马粪，给他悲观的儿子放了一屋子的玩具，然后把他们两个人分别放在这两个房间里面。过了一会儿，他分别到两个房间去观察儿子们的情况，看看这两个孩子的状态有没有什么变化。他先跑到乐观的儿子那里一看，只见屋子里都是马粪，儿子哪儿去了？

乍一看都找不到人了，大家猜猜这个乐观的儿子哪儿去了？他到马粪里去找小马了。他父亲说："你怎么钻到马粪里去了？"乐观的儿子回答说："这么多马粪，里面肯定有小马驹，我要找它出来和我一起玩。"父亲觉得儿子真的太乐观了，而且这种乐观的态度也很稳定。紧接着，这位父亲跑到隔壁悲观的儿子的房间里面一看，只见儿子坐在那一屋子的玩具堆里正哭着呢，他为什么哭了？

学生 6：可能不知道要玩哪个吧。

老师：不知道玩哪个，还有同学有别的想法吗？没有啦，好的，那老师继续把故事讲下去。

他父亲问他为什么哭，他说这么多新玩具，但是它们终究会有坏的一天。这个人听完后，感觉悲观的儿子的这种想法是没得救了，这个儿子的性格也是特别的稳定。

通过上面的这个故事，大家是不是对性格有了一些具体的印象呢？那么，大家再看看这个屏幕上的后面的这句话——性格虽然是相对稳定的，但是并非一成不变的。也就是说，性格是可以改变的，是可塑的。构成个体之间的人格差异的核心就是性格的差异，人与人之间的不同主要体现在他们性格的不同上。有时候我们会觉得自己或者身边的人，性格中确实会有这样或者那样的一些缺点，值得庆幸的是，性格虽然相对稳定，但是还是可以有意识地去改变的。大家的性格都是可塑的，我们可以根据自己的心愿或者工作的需要去进行调整和训练，改变成为我们自己想要成为的那种性格。自我成长很多时候也伴随着个体性格的改进和完善。

我们看第二个关键词：生涯规划。刚才同学们已经根据自己的理解，和老师讨论过了“生涯规划”这个词的含义，生涯规划又叫职业生涯设计。个人在进行相关的规划的过程中，需要与“组织”相结合，需要考虑“组织”的因素和影响，这里的“组织”我打了引号，它是广义层面的，即个体生存的环境，譬如他是在单位或公司里工作的，我们在这堂课里把个体工作的周围环境叫作“组织”。那么大家在进行自己的生涯规划的时候，需要把家人、经济环境、社会背景和消费水平等一些对自己日常生活有影响的因素都考虑进去，因此这里的“组织”的内涵就比较广泛和丰富了。

所以，在进行生涯规划的时候，将个人的条件与“组织”的具体情况相结合，在主客观条件两方面进行考虑、分析和总结的基础上，你们就会对自己的兴趣、爱好、能力以及价值观等有所了解，然后再考虑当下的时代特点，根据这些多方面的因素来确定自己最想要和最适合从事的职业，并在今后的学习和生活中，为实现这个目标采取行之有效的行动。

关于生涯规划的具体步骤，我们首先要做的是认知自己，对自己进行全面的分析。这个分析包括气质类型、兴趣、能力以及价值观等，换句话说，就是要弄清楚自己想干什么、能干什么、面对众多的职业内心真正的选择是什么等问题，这一个步骤是进行生涯规划的核心环节。这里表达的意思就是：我们既要了解自己的情况，又要了解职业的要求，更要搞清楚我们的性格与这个职业是否匹配。

我们看一下下面这个案例，请同学们帮助我做一些决定。现在你们就是老板，然后你们的公司里面有3个不怎么成才的员工，第一个员工整天嫌这嫌那，吹毛求疵且不干活，到处找公司的茬儿；第二个员工杞人忧天，老是害怕公司或者工厂有事，整天胆战心惊的，搞得自己都不能安心工作了；第三个员工整天在外面闲逛，不安心在岗位上工作，天天到处鬼混。那么现在，由于员工人手不够，任务又紧，这3

用职场中问题化的案例作为引导，以寻求解决方案的方式，巧妙地引发学生们对生涯规划的思考。

个人也不能马上开除，所以就想着可以给每个人安排适合他们的工作，让他们能好好地为公司出力干活。那么，大家作为这个公司的老板，都好好想一想这 3 个员工，我们应该重新给他们分配一些什么样的工作呢？这 3 个人的性格截然不同，他们现在的表现不是很好，这样不好的工作态度和行为，让老板感到失望和嫌弃。那么，我们如何通过改变他们的工作岗位，让他们的工作积极性提高起来？有没有哪个同学想到了的，可以大胆地站起来讲给我们大家听一听。

学生 7：第一个人，可以让他当挑选人才的那个人，因为他可以准确地判断一个人的优点和缺点，就能找到他们适合的岗位。

老师：你说的这个岗位现在叫作人力资源主管，即 HR，就是帮公司物色人才和分配岗位的。你说得不错。

学生 7：第二个人老担心这担心那的话，这就体现出来他的细心，那么就可以让他从事一些计算之类的、需要注重细节的工作。第三个人，爱瞎逛且坐不住，又不愿意坐办公室动脑子，那就让他去当保安，而且是那种在一定的区域内巡逻的保安，因为他喜欢闲逛。

老师：这位同学说得很好。你这个工作分配得挺恰当的。当然，安排不止一种，比如说，这个故事里面的老板，让第一个整天嫌这嫌那、吹毛求疵的员工去做质量检查员的工作；第二个杞人忧天、老害怕工厂出事的员工，就让他做安全科科长，专门抓安全工作；然后那第三个整天闲逛的员工，这个老板让他去做推销员，而且是上门推销或者在特定的场所进行推销的工作。经过这样一个岗位的调整之后，这个公司的业绩提升了，这就叫人尽其才。

通过小结，摆出道理，让学生们从案例的解决方案中得到领悟。

这个故事让我们明白了一些什么道理呢？那就是：不同性格的人，其所擅长的工作也不同，如果人们能根据自己的性格和喜好找到与自己相匹配的工作，就算是消极怠工的人也会变成工作积极的员工，说不定还能让公司的业绩提升，这样，公司也算在相对应的岗位上找到了合适的人才。

刚才我们谈论了人与职位的匹配度问题，那么接下来，我们还要了解社会中各种各样的职业。据统计，社会上的职业总共有 1 万多种，人们总共将这 1 万多种工作分成了 8 个大类，每个大类还包含若干个小类，至于具体的这些类别，老师就不一一提出来讨论了，总之，这个社会上的职业很多，所以大家选择的余地还是很大的。

当今时代正在快速地发展着，每天都会有新的职业诞生和旧的职业消失，这些旧的职业是被科技日新月异的社会所淘汰的。比如说，我们小的时候经常看到有人挑着担子，吆喝着“磨刀剪子”“鸡毛换糖”什么的，而现在，乡下货郎担、补锅铁匠都基本上销声匿迹了。

紧接着进行头脑风暴式的职业分享，引发学生对社会中职业新风向的探索。

那么同学们，常见的职业大家都是知道的，现在老师请大家说几个最近比较新兴的职业，就是随着时代的发展近些年才诞生的一些职业。

学生 8：微商。

老师：微商、快递员。后面听课的教师也参与进来了，还给了你们一些提示，是吗？

学生 9：插花师、翻译官。

老师：翻译官不是新兴的职业，这个职业也有着漫长的历史，但是我们不常见到这方面的从业人员。

活动前教师要讲清楚规则，活动中教师要注意观察发生的现象。

学生 10：歌手、演员。

老师：歌手、演员近些年很火热，但也不是新兴职业。我听到后面听课的教师说出了两个新兴职业，一个是宠物美容师，从前我们吃饱穿暖都是问题，人都吃不饱，哪里还有很多人去养宠物？现在人们物质条件好了，各大小城市也都有宠物店了，大家可以带着自己的宠物去店里给它们洗澡、整理毛发、买宠物的玩具和食物，还会定期带它们去宠物医院打疫苗。现在一些城市中，养狗还需要办养狗证。所以说，很多闻所未闻的职业在这个科技和知识大爆炸的时代也就应运而生了。老师提出的新兴职业还有一个瓷砖铺地设计师，以前也有铺地板砖和瓷砖的职业，但可能没有这方面非常专业的设计师，现在家装的审美水平逐渐提升了，而且地板砖和瓷砖所采用的材料也越来越高端，关于瓷砖各方面的设计，这也是一门学问。

老师现在请几位同学以最快的速度分发一下这张表，然后再把彩笔拿过来分发一下。好了，现在每位同学手里都有一张性格特质表，大家用一种颜色的笔，把自己具备的性格圈出来，然后与周围的同学就近组成 5 人一组的小组，而且每个组里面必须至少有一个女生。请大家以最快的速度分好组，并且围坐成一个小圈。这里不是有女生吗？你们 5 个人全部是男生，那边那 2 个女生过来这边，然后你们组出去 2 个男生，自己去找人组队。

表格要提前准备好，指导语要详细而准确。

现在，请大家让你旁边的 3 位同学分别

用3支不同颜色的笔，在你的表格中把你具有的性格给圈出来，要求动作快一点。同学们记得抓紧时间，大家可以跟同学们互相选出认为对方具有的性格，画圈的时候不要看别人的，自己独立完成。自己先画完圈，写上自己的名字，然后让你们组的其他至少3位同学帮你圈一下你拥有的性格。这位同学，你需要先把自己的性格圈出来，然后在旁边写上自己的名字，再让同学帮你用其他颜色的笔把你的性格圈出来。

我发现同学们都圈得非常地认真、投入，这是在用心做这件事情。每个人看待自己和别人的感觉都不一样，所以就很有可能圈出来的同一个人的性格不同。另外，男同学和女同学观察的视角与产生的体验肯定会有所差异，大家按照自己内心的真实想法画圈即可，不用有什么顾忌。

表格上是谁画的圈就不要标注名字了，好的，现在时间也快到了，大家注意抓紧时间了。自己和另外3位同学都已经圈好了的，现在请根据同学们的建议和你们自己的感觉，综合思考一下，你认为自己将来有可能从事哪方面的职业。这个可以跟同学商量，也可以纯粹凭自己的感觉。那么接下来，请同学们写出自己将来有可能从事的职业，就写在表格的下面。好的，同学们都写得差不多了，现在我们来看看大家都选择了哪些职业。现在我们有 3 个在大家面前积极分享的名额。第一个谁来分享？这位同学，你选择了哪些职业？

学生 4：我想成为美食家。

老师：想成为美食家，你是怎么发现自己的想法的？

学生 4：我喜欢吃。

老师：同学们帮你圈的是不是也有喜欢吃东西这个选项？

学生 4：表格上面没有喜欢吃东西这个选项。

老师：看来你对自己的喜好很清楚。接下来是哪位同学进行分享？来，这位同学，经过刚才你的初步了解，觉得自己有可能从事什么样的职业呢？

学生 8：绘画师或者……

老师：声音有点小，你站起来跟大家讲一下，声音大一点。

学生 8：当绘画师或者办公室白领。

老师：想做绘画师或者办公室白领，为什么呢？

学生：因为他们的人缘都比较好，大家都性

格温和地和平相处，然后每个人还都有自己的独特性，也都有自己的主见，不喜欢从众。

老师：有独创性，不喜欢从众，我看到同学们也给你圈出来这两点了，而且你自己也圈出来这两点了。这里面还有一点，就是喜欢与人接触、感性，这些特质对于成为一位好的绘画师，挺有帮助的。非常棒，你请坐。可以说，这位同学非常准确地找到了自己想要从事的职业。还有人想分享吗？还有一个名额。

在总结分享阶段，要做好典型发言选择，实现教育效果的最大化。

学生 11：我长大之后想当小学教师。

老师：想当小学教师，为什么？

学生 11：因为我有亲和力，人缘也挺好，然后我还很喜欢和小孩子玩。

老师：有亲和力，喜欢和孩子们互动，我看这张表格上面，同学们都帮你圈了乐于助人、为他人着想、有想象力以及对事物充满了好奇这几项，活泼热情的性格上面还被圈了好几个圈，同学们对你的认知，更加地帮你肯定了自己的职业倾向。非常好，你请坐。现在请同学们在你们现在的 5 人小组内分享自己将来可能从事的职业，并且说一说为什么要从事这种职业。

……

好的，现在时间到，老师我也参加了 2 个小组的讨论，特别有感触，想请这 2 个小组作为代表来分享他们的感受。你们这组派谁来说一说，当时你们讨论这位同学的时候，心里有什么感觉？

学生 12：他自己想当程序员，但是我们认为他唱歌很好听，以后可以去当一名歌手。但他自己还是特别想去当一名程序员，这就是自己眼中的自己和别人眼中的自己的区别所在了。

老师：那你自己呢？

学生 12：我也不知道我自己以后要干吗。

老师：你不知道？你再看一看你的表格中，你自己和同学们给你圈出来你所具备的性格，现在有什么感觉？

学生 12：圈的都差不多。

老师：都差不多的结果，那么这就说明你对自己的理解，与同学们对你的了解，两者之间比较一致。你再想一想，自己今后的职业方向是什么？

学生 12：我想我可以去当一名教师，因为同学们给我圈的性格，也都是一些善解人意、乐于助人的，一些适合当教师的性格。

老师：对，你就特别适合去做一名教师，教师这个职业对从业者的要求，跟你的性格的匹配度很高，这非常好。还有一位同学特别有特色，你来分享一下寻找你的性格的过程。首先问一下，你想从事什么样的职业？

学生 13：小说作者。

老师：你现在确定下来想做一名作家吗？你站起来，大家看一看，我们班上未来的大作家在这里，鼓掌鼓掌，大家的掌声大一点。老师想问一下，你为什么想要做一名作家呢？

学生 13：因为同学们给我圈的性格里面有有条理、谨慎、文采好，还有负责任，他们这样圈，原因是我平时就善解人意，然后写作是我比较喜欢的。所以我自己想了一下，当个小说作者还是蛮好的。

老师：好的，经过综合分析，你觉得自己具备成为一名作家的性格条件，所以就把它确定为你的未来职业了，请坐。下一位同学，你想从事什么职业？

学生 14：计算机工程师。

老师：好的，你怎么发现自己特别适合计算机工程师这个职业的？

学生 14：因为我善于解决问题。

老师：特别善于解决问题，很好。时间差不多了，同学们，你们将手中的表格翻过来，表格的背面写着个性品质受到喜欢的程度。如果你具备的特别受人喜欢的个性品质越多，那么你的个人魅力就越大，人际关系也就会越来越好。当然，这个也只是仅供同学们做参考的。如果有同学想要改善自己的人际关系，或者想跟周围的人相处得更好，就可以参考表格后面的这些受欢迎的个性，然后再按照上面的标注有意识地去培养这些方面的性格。

好的，那么老师想要问一问同学们，通过这堂课上我们的这些互动和交流，我们知道了要有意识地去培养自己的性格。那么，今天你们都收获了什么？

学生 7：我们明白了每一种个性都有它的好处。

老师：每一种个性都有它的好处，你说的是对的。只要我们把个性用到正确的方向和事件上，都可以产生好的效果，也可以根据每个人不同的个性去选择不同的岗位。而且，我们还可以通过学习去培养和完善自己认为需要培养的个性品质。越了解自己，越会发挥自己的优势，也就越能找到适合自己的方向。

在知识上和观念上做出澄清之后，也要注意对全体学生的引导和鼓励，时刻意识到这件事情的意义。

性格会影响一个人的行为，也必然会影响其生涯的规划和决策。性格上有短板并不可怕，性格有两面性，只要我们巧妙地发挥出自己性格的长处，在学习和工作中有针对性地扬长避短，并在学习和实践中积极地调整自己的性格，同样可以发展出自己精彩的职业生涯。性格对工作岗位而言，撇开道德评价的标准来说，是没有好坏之分的，只有适合和不适合的区别。所以，我们要找到与自己的性格特征相匹配的工作岗位。

同学们，今天我们初步地了解了自己的职业倾向，在我们将来学习成长的日子里，随着我们对外部世界的逐渐了解，随着我们具备的知识的不断增加，我们当初定下的职业倾向有可能还会改变，这种改变是正常的。

好的，今天的生涯规划体验课就到这里，现在请大家站起来，把这张纸放在你们的口袋里收好，把笔放在凳子上。大家伸出双手，为我们所有人鼓掌。因为我们今天了解了自己的职业倾向，从此以后，我们就有了奋斗的方向，所有人接下来朝这个方向努力就可以了。老师在这里也很感谢大家来参与这堂课，同学们再见！

学生们：老师再见！

老师：好，请同学们有序地从门口离开。

课后督导

（一）成长需要日积月累的努力

因为人的成长有一个从量变到质变的过程，有时候是外部的因素和动力在推动着人成长，有时候是要靠人们天长日久的学习去积累。比如说，知识这个部分只能靠自己慢慢地学习和积累，无捷径可走；比如说，教师在课堂中的有些行为方式已经成了一种惯常的路径，教师们会有路径依赖，如果要做技术上的改良，可能还需要长久的尝试与磨合。不论是知识积累，抑或是路径改良，都需要持续的关注、正确的方法和严格的自我约束。

除此之外，最难改变的就是价值观，以及人格中稳定、固执却需要调整的部分，这得靠自省。如何自省？这方面可以向古人借鉴。《学而》中曾子有曰“吾日三省吾身：为人谋而不忠乎？与朋友交而不信乎？传不习乎？”《孟子·离娄上》也有云：“行有不得者皆反求诸己。”这些能人先贤，其实都是心理成长大师，无论是孔、孟、老、墨，还是诗人、词人、曲赋家，这些为中华文化留下珍贵思想传承的集大成者们，他们的成长都是自我成长，靠勤奋学习和不断历练，靠自我反省和诉诸艺术。内心强大的人，在迷惘和遇到挫折的时候，会有他们自己的一套成长方式。

如果一个人总是学不会自我成长，总是要靠别人来帮助自己进行调整，而且别人帮助自己的时候，自己有时候还产生防御机制来阻碍别人对自己的帮助，这样的话，他成长起来就会很慢，照这个成长速度，可能活到 80 岁的时候，还是会发现自己没有太多的进展和收获；相反，如果早早地在而立之年就意识到自我成长的重要性，就会通过观察、自省、慎独和调整去进行自我成长，这才算是踏上了真正的心理自我成长之路。

如果一辈子都未曾踏上心理自我成长之路，那么必定会一生空留遗憾。当然，另有一大类的人处于比较固执的状态，就是别人永远无法攻破他们的防御机制。这一大类的人的具体情况，举例而言，或许有人在岗位中坐到了一个视野开阔的高位，可以指点江山的决策高位，这样就不会被一些琐事羁绊，也不会为闲言碎语所扰；又或许有人获得了荣誉，成为某个领域的道德模范和先进分子，成为优秀的代名词之后，周围审视的目光也会柔和许多；再或许有人干脆抛弃世俗的礼仪规范，抛去自己要承担的义务和责任，沉浸在自我的内心世界里，不论白天黑夜，不问人情冷暖，不管亲朋好友，走上了心理失衡的道路，也就是常说的精神失常，这样也是一种自我防御机制的体现；再或许还有一种人，就是边缘人，游离于失常和正常之间，徘徊于主流和非主流之间。最后的这种，就是社会中的大多数，不追求内心的成长，也不寻求外界的点拨，浑浑噩噩，得过且过，混一混日子，猛然睁开眼仔细看看周围，时过境迁，不觉已蹉跎了多载岁月，而自身的成长和所得的成就却寥寥无几。上面的这些情况，明面上委婉的表达是坚守，实际上就是不思进取。凡是想要变得优秀的人，就只有一条路，就是向自己的内心去求索。

（二）听课教师组队评课

韦老师：经过这段时间的听课和评课，我也从中看到了，这几堂体验课的带领教师，他们有一些需要长期去钻营和提高的方面。这次的评课，我想采取一种创新的形式，即让刚才观摩体验课的教师们组成一个评课小组，第一轮选 8 位自愿发表感想的教师进行混合评课，谈一谈自己从这两堂课里收获了什么，换句话说，就是这几堂课中有什么方面是值得你们借鉴的。在这里，我要再次澄清一下，大家从五湖四海、四面八方相聚在此讨论、听课和评课已经有几天了，过来不仅是要观摩和学习，还必须将自己的想法表达出来，这样也许会给别人裨益，也许会激起争论，但无论如何都会在讨论之中得到成长。好的，成长的机会不是等待和被动得来的，想要参与的教师们请主动站上来，名额有限，大家抓紧时间。

教师中如果有犹豫的，那么我现在跟大家在这里分享一个观点。我们在生活中面对一种选择的时候，内心常常会有犹豫和冲突，这种矛盾的时候要怎么去决策呢？只需坚持一个原则就好：从善。这里的“善”是指好事和对自己有利的事，当然这个对自己有利的事是建立在不损害他人利益的基础之上的，如果是“善事”，那么就可以选择去做，这也是练习真诚待己的最好方式。我一直以自己惯用的这个“从善”的原则指导自己的行为，同时也学孟子选一即为一，就是你要选，不能不选，而且选，就应该“从善”而选。大家以后在任何场合，比如，在这种主动分享的环节中，上台分享对自己的成长有利，那么就无须犹豫，第一时间去参与就可以了，无论自己发言的含金量如何，至少进步了，愿意当众表达自己的观点了，以后经过多次的尝试，会表现得更加得心应手。

那么现在已经有 8 位教师自愿第一批做分享了，我指定其中的李老师做组长，现在给大家 20 分钟的时间发表感想，大家可以指出上面这两堂课中一些值得借鉴的闪光点。

组员 1：我们临时组成了一个评课小组，我担任组长。讨论的内容是就前面的两堂生涯规划课进行优劣分析，前面的一堂课的主题是认知价值观，后面的一堂课的主题是性格与生涯规划的关系。我们总共的发言时间是 20 分钟，大家可以通过观察、思考和发现课堂中的问题，提出优化的建议，再谈谈自己的收获。各位组员，开始吧。

组员 2：我之所以过来观摩课堂，原因之一在于我正在转行的过渡期；原因之二就是我儿子高三了，我想学习一下这个职业规划的课程，关于他的未来规划的方面，可以和他进行一些有效的探讨。第一堂课的主题是认知价值观，主要强调价值观在自己进行生涯规划当中的作用，借助这堂课给我的启发，我也可以通过分析自己的价值观去找到合适的职业，收获还挺大的。优化的建议就是，这堂课可以设计得更趣味化一些。

组员 3：听完这两堂生涯规划体验课，想到自己虽然没有上过正规的这类课程，但似乎自己从小学一年级的时候就有过一些对未来的懵懂设想，比如，我那时候就想过长大之后当一名军人。

这是最初的设定，然后等到初二的时候，我发现我的身高偏低，应该比较难以达到当兵的标准，于是将自己的规划改为当一名人民教师，之后也是拼命地努力，到现在也算是实现了自己的愿望。虽然目前在教师的岗位上平平淡淡，仍是一位基层教育工作者，但是我一直很勤勉，工作量往往在单位里是靠前的，可能身边也有人质疑和提醒过我，说我一个女人要多把精力放在对家庭的照顾上面，但是我能平衡好家庭与工作之间的关系。在多门科目课堂的任教之余，有空我就会学习一些新的知识，我很喜欢目前从事的这份工作，不管有多少的工作量，都不会觉得累。

韦老师：暂停一下，因为我们的小组现在是在评课，而且时间有限，请大家抓住重点，言简意赅。

组员 2：这两堂课的教师在教学语言风格的优化方面做得特别好。

组员 1：接下来发言的教师，请把自己的时间控制在 3 分钟之内，发言的内容主要针对前面两堂体验课，与此无关的内容，请课后自由交流。

组员 4：第一堂课给我的冲击和启发挺大，这堂课的设计很新颖，就是这个从 16 个人中选择最后能存活的 5 个人，这个世界末日的情景设计特别吸引学生们的注意力，让他们能在放弃和选择中逐步认知到自己的价值观，也能产生对世界和人类的责任感、使命感，甚至能从这个世界末日情景中感受到当下生活的幸福，在这个环节中，学生们积极思考和参与，最后还选出了自己最看重的职业，从而有利于他们规划自己的人生。总结而言，设计新颖、情景好和利于学生的发挥，是这堂课最大的亮点。

第二堂课的教师是韩老师，她通过多次吸取韦老师提出的一些宝贵的建议，在每堂课中都能有所提升和优化，足见她的心理素质很强大。她这种永远向前努力的精神，也是值得大家学习的。这一堂课的架构层次很清晰，首尾呼应，在中间的环节中能不断地激发学生寻找自身价值的热情。故事都很生动形象，比如，悲观儿子和乐观儿子的故事，告诉了我们看待事情要积极乐观；还比如，“天生我材必有用”的 3 个本不成才的员工，被老板按照他们各自的性格特点安排在不同的岗位上，所谓物尽其用，人尽其才，将每个人的特长发挥到合适的职位上，每个人都会变成一座金矿。如果每个在成长中的孩子，都能根据自己的个性在将来找到匹配的工作，那么未来社会的生产效率和收益都会成倍增长。

组员 5：第一堂课的课堂动力①把握得非常成功，然后整堂课的时间把握也很成功，教师分配的讲解、活动和分享的 3 个环节的时间基本上都各占 1/3。情景设置中的各种职业也选择得很成功，16 种职业都很现代化，而且世界末日的设定也符合这个年纪孩子们的好奇和英雄主义的心理。然后关于 16 种职业中选择 5 种的设定，让我想起了毕淑敏老师的《生命中的五样》中的内容，这里面有一些共通之处。

然后关于第二堂课，它的动力相较第一堂课会弱一些。当然这堂课也有可圈可点之处，它的节奏是实实在在的，表格和模型

---

① 动力：心理学概念。心理学家勒温认为，因个体与环境间的相互作用而产生的心理紧张系统是个体心理与行为的动力本质。——编者注

图中丰富的知识都是在一步步引导孩子走向自己的内心，事实上这些初三的学生们也正需要这些落到实处的指点。大家在课堂上的投入和认真，将会转化成为课余和今后的选择与行动，相信这堂课会对他们今后的生涯规划产生巨大的、正向的促进作用。

组员 6：我对第一堂课的印象很深刻，现在重点来讲一讲。我刚才一直都在认真地观摩这堂课，整堂课都非常地流畅，也具有被当作范例或者工具的价值，我就两个小的方面提一点优化的小建议。这堂课的开场围圈的过程中，教师本来有意让男同学和女同学混合着坐，其实这里可以做一个小的游戏让男女同学在自然而然之中就混合着坐了。另外有一个小的、需要优化的方面是，初中生都有一些叛逆，而且也擅长敷衍教师的提问，那么在学生们回答问题的时候，教师可以让学生在回答的时候站起来，或者走到舞台的中央来，这样他的回答可能更加谨慎和精确，而不会像坐在座位上那样随意了。以上就是我提出的两点优化建议。

组员 7：第一堂课中，教师表现出来的对课堂各方面的掌控能力和对学生的引导能力都是很强的。提一个小建议，世界末日来临，16 选 5 的环节中，开始是选 5 个人，之后再减少到 3 个人，最后再留下来 1 个人，这 3 次选择的过程是不是可以一次性选择完？这样一次性选择完之后，再让学生进行分享，这个环节就能省下不少的时间。课堂中的操作是先选 5 个人，在讨论之后进行分享；接下来，再在原来 5 个人的基础上淘汰了 2 个人，再次讨论之后进行分享；最后一次选择是只留下 1 个人。这 3 次选择完全可以一次性做完，再将 3 次选择放在一起讨论，再进行发言。这个环节的时间就会因为这个优化操作而大大缩短。

组员 8：这几天观摩和听评课下来，我收获了很多。我想从“四颗心”的角度讲一讲自己对这几天课堂的一些感受。第一颗是爱心，第二颗是虚心，第三颗是耐心，第四颗是细心。首先谈一下爱心。在我们的体验课中，我能看到教师对学生们的同感和共情，这就是教师对学生的无条件接纳，不考虑对与错，教师在这方面做得非常棒。其次是关于虚心。体验课的教师，在每次听完韦老师的评课之后，都会在下一次上课的时候进行技术、心态和操作上面的优化，这种无条件的虚心接纳，让体验课变得越来越精彩，甚至在一天当中，同一名教师的下午的体验课就比上午上得好些，产生如此大的改变，说明这些活动不是为活动而设计的，而是为需要的学生而设计的，也不是为了形式上讨巧的展示，而是为了达到课堂中实实在在的目标，这些方面也确实产生了巨大的进步。然后一个方面是耐心。在整堂课的环节中，讲解、讨论和分享，无论哪个环节都需要教师和学生们的耐心聆听，而且这种耐心是会被传染的，如果教师充满耐心，学生也会感受到来自教师真正的关注和尊重，学生也会对课堂、对教师、对同伴甚至是对自己认真起来。最后一个方面就是细心了。细心体现在一些课堂的细节上面，比如说，教师是不是会注意到所有的学生，比如说，学生们站着发言会比坐着发言对场的动力的推动帮助更大，比如说，教师要注意在合适的时间点对学生们做恰当的注意力拉回操作，这都是一些细节上的处理，教师需要比较多的细心才能注意到。

组员 1：评课小组的 7 位组员都发表了自己的看法，我也表达一下自己的观点。这两堂课都非常精彩，不过也有需要优化的地方，就是有一些环节，比如说分组的时候，有点拖泥带水的感觉。还有，在第一堂课的认知价值观的主题之下，我们最后收尾的时候是不是要把价值观和生涯规划的关系进行深入讲解？这样就能让学生认知到核心价值观对自己日后的职业选择和发展会具有实用的指导意义。

第二堂课没有什么大的方面需要调整，仅仅是中间有些环节的衔接不太流畅。再有就是韩老师的普通话需要优化，有时候我们旁听的教师都听不懂，学生可能会更加难以听懂了，这可能会影响教学的效果。时间到，我的表达就到这里。

韦老师：这次采取这种小组形式的评课活动，旨在大家也能够有参与和体验，本意是想让大家谈一谈自己的收获和进步，当然，有一些组员提到的优化建议也是比较中肯的。

关于毕淑敏的《生命中的五样》，是和我们第一堂课中的在选择中不断取舍有一丝异曲同工之妙。毕女士的著作中讲的是某个个体在一生当中选择 5 个最重要的东西，然后一个个舍去的心理游戏。我们的课堂是有特定的情景设定，选择的是伙伴，在一些细节方面还是有很大的区别的；而且我们的课堂之中，从 16 个人中选出 5 位伙伴，其选择的理由不是完全任凭自己的喜好，其理由还有理性的方面，这应该是两者之间最大的不同之处。

上面的两堂课中，前面那堂课拖了 10 分钟的时间，仔细看看课堂中的环节和技术，有很多地方都需要优化。前面有位教师评课的时候，提到第一堂课中 16 选 5、5 选 3 以及最后的 3 选 1 的环节可以优化为一个大的环节，这样可以把几次的讨论时间节省为一次，我觉得提得很好。其实还有另外一个优化的方案，我认为后面的 5 选 3 和 3 选 1 这两个环节都可以去掉，只要直接选好这 5 个人就行了，然后在选出这 5 个人的基础上把它说透，这 5 个人实际上是同学们选出来的，也代表了他们最看重的 5 个方面的价值观，接下来我们可以从这 5 种价值观的排序和含义等方面进行深层次的探索。

再谈一谈分组交流的细节方面。刚才有位教师提到的将男生和女生混合分组进行交流，以后在分组的过程中，尽量让小组由男生和女生混合组成，这样就能促进男生和女生之间的交流，有助于班级团结和同学们身心的健康发展。

在听完由各位教师组成的评课小组发表完各自的观点之后，我发现其实这里面有一些表达重点转移的现象。开始组织评课小组的用意在于想让大家谈一谈观摩完课程之后的收获，结果教师们的关注点都集中在了提出优化建议方面。这可能也是人们平常的一个思考习惯：表达自我往往大于倾听别人。当然，大家的评课也是可圈可点的，也能给人一些启发。

另外，我在教师们的评课当中，也发现了一个需要优化的点。也就是说，我们在沟通当中要讲究真诚和实事求是，真诚的具体要求就是不要有太多的防御机制的体现，教师们在组队评课的表达过程中，更多地是在呈现自己主观的看法，在某种程度上有点缺乏客观表达，而且会习惯性地表达为“这是我的感受”，而这种防御性的表达恰恰对于评课没有什么价值，同时也是一种不够客观、不够真诚的体现。

如何做一些真诚、客观的表达呢？可以省去那些个人化的介绍和赞美，直接就这堂课的内容，表达出我看到 ×× 环节，然后我对这个环节或者技术持有 ×× 的看法，即在尽可能客观描述的基础上表达自己理性的观点，也可以表达出自己真实的感受、态度和价值取向，这样一来，这个评课就会显得相对客观一些。这反映了我们大多数人在平时的生活中，都是秉持着主观的而非实事求是的行事风格，一遇到问题就会想当然地做习惯性的假设。人家刚说一句话你就已经知道了，而且后面你想了好多，你后面想的那些很多都是你个人的情感，往往会掺杂进个人的投射和需要。我们作为教师，作为教育工作的前线人员，要注意到这种行事风格对我们的影响，在课堂中要避免使用这种主观臆断的态度去对待学生和教学工作。

对我们这些在岗教师或者从事社会服务的工作人员来说，人生都已经过半，在之后的生活中，交往的朋友都是真心愿意与之相交的人，做的事都是发自内心愿意去做的事，说的话也最好都是自己真心想说的，如果是不合时宜的、不太真诚的话，我们最好闭口不谈。我们一直在探索自我的成长，不要再浪费时光，在生活、学习和工作中都要保持真诚。

20 岁之前的人是敏感的，在意外界的审视和评价；20 岁之后的人，开始去过自己想要的生活，去在学习、生活和工作中拼与闯，去做一些自己想做的事情，在 40 岁之前，从外化的物质追求逐渐向内化的心理成长上过渡；那么 40 岁之后的人，就得实实在在地追随自己的内心了，会明白自己不是在为别人的眼光和评价而活。这个阶段就需要褪去锋利，磨平棱角，却也返璞归真，对看不惯的、不满意的现状，可以客观表达，不做评价，对于需要走心的课堂环节，便要一针见血地将其中的弊病和缺陷指出来。

前面评课的时候，有提到评课要真实地反映课堂的状况，优劣等方面都不必隐藏。所以我也在观摩第一堂课的时候，一直在等教师最后将价值观和职业规划联系起来，然而最后课堂都结束了，也没看到教师对价值观和职业规划关系做深入的探讨，也没有将课堂的效果落实到学生日后选择何种职业上面，这恰恰是需要大力优化和改善的地方。这堂课中关于 16 选 5 的环节，俨然是一场价值拍卖和价值选择，这个环节可以激发一个人对自己价值观的认知和坚守，而且后续还可加入一个环节：未来要做一个怎样的人？从事怎样的职业？围绕这份职业要做怎样的准备？本来要落到实处的环节没有实施。

价值观就是文化中核心的部分，那我们今天践行的“社会主义核心价值观”又是什么呢？想要践行好“社会主义核心价值观”，需要具备什么样的个人的心理品质呢？具体来说，一个社会是否民主的衡量标准，就是普罗大众是否都有为自己的言行负责的意识和能力，即每个人都是自己言行的第一责任人，那么这个社会就离民主不远了。当每一个个体或者群体的心理资本中包含着这些“社会主义核心价值观”的元素时，个体就具备了足够的心理资本水平，这就是将“社会主义核心价值观”落到实处了。紧接着，我们还要把这一系列的价值观转化成技术和行动，到社区中去开展教育和宣传，以进一步巩固国民对“社会主义核心价值观”的认同和践行。

前面的这两堂课中，前面那堂课以“社会主义核心价值观”为开场技术来引导同学们对于自身未来职业发展的规划，是很合适的。不过这一堂课需要一些优化，要根据自己发现自己所具备的个性特征去选择相应的职业倾向，将价值观与生涯规划这两者之间做一个深度的衔接，不然这堂课就仅仅是价值观的教育课，而不是职业规划的体验课。然而这一堂课似乎没有做到最好的效果，我一直在等待教师将价值观落地到职业规划的指导方面，然而到最后都没有能看到这个环节，整堂课似乎变成了一场德育性质的价值观取向课，这些学生肯定会将这堂课理解为价值观的课。

上面所呈现的就是“认知价值观”这堂体验课所存在的需要优化的问题，当然，整体来说，这堂课还是存在着明显的优势的。这堂课的技术，其趣味性、参与度、知识性都恰到好处，与初中学生的最近发展区也契合得很完美。因为考虑到初中生这个年龄阶段的心理特征，如果内容太浅显了，他们会觉得老师看不起他们，会感到无聊和没有参与课堂的兴致；而这个环节的世界末日的设定，是与他们这个年龄阶段最匹配的一次情景设定，不仅仅是小孩，连大人都会很有参与的兴趣，因此，本堂课的参与度是非常高的，大家都很激动，都愿意表达自己的一些想法。

刚才在小组评课的过程中，各位教师有些过于关注找到课堂的不足之处，并没有将注意力集中在表达自己的收获之上。我较早地发现了这里面的偏离，但是并没有当场干预评课小组组长的引导，因为我认为评课小组本身就是在呈现评课的方式和语言，也想看看大家是不是那个愿意讲出真话的人，还想看看大家能够把自己心中所想的观念，用语言组织和表达到什么样的程度。有可能，在评课小组的教师成员们一再在发言的时候强调“就我个人的看法而言……”的时候，在他们多谈了感想和情绪，却鲜有提及课堂中的一些具体客观的表现的时候，他们的防御机制就开始起作用了，其实没必要这样子，我们所有的人都需要放松，需要以真诚、客观的态度看待他人，也包括看待工作岗位。

有的评课教师会感慨，在听课的这几天中，也得到了一些深刻的体验，这其实恰恰就是我们想要在课堂上做到的一个心理场，当我们造出来这个场之后，就可以用它推动课堂向前、向目标推进和发展，那么我们应该如何去对场进行一个方向上的把控，如何对它进行设置和干预呢？其实这个场里面的温度高低全都在自己的控制之中。当造出了一个心理场，那么处在场中的人，都会感受到课堂中这个场的状况，不仅仅是学生能够感受到，就连听课教师这样的旁观者也能进入这个场，体验到教师所设置的教育情景。课堂教师的个人心理资本水平也会直接影响到这个心理场的状况，具体来说，教师的自我开放程度、内心安全感水平、行为举止是否有阻抗倾向、言行风格等因素都会影响心理场的走向。所以，如果不从教师的心理资本水平方面进行调整或者提高，就只能在技术的浅的行为层面做一些改进，而人的技术是中间层面，最高级的是场的技术层面，在这一层面可以形成动力。这 3 个层面的技术如果能坚持“此时此地”的原则，就可以有一些真实的呈现，学生们甚至是观众们的体验也会更加真实和深刻，就像“我看着你的眼睛，你感受到我的心”的这种真实存在的场景，这样也是一种会心状态。

这一次的评课非常好，谢谢你们的分享和表达。

课堂五
发现兴趣

背景介绍

（一）兴趣的定义

兴趣是个体在认知某种事物或者从事某种活动时的心理倾向，以认知和探索外界的需要为基础，能推动个体认知事物和探索真理。兴趣包含个体的爱好，当个体的兴趣指向的不是认知，而是某种活动时，兴趣便成为爱好了，这与个体的积极情感相关，且培养个体的兴趣和爱好，是促进其学习和工作的有效途径。

著名的人格心理学家阿尔波特 (Allport) 认为，人类有一种“自主性功能”，就是兴趣，这是一种处于动机的最深水平的情感状态，它能驱策人自主采取行动。早期婴儿对外界中新异刺激的反应行为，就是由兴趣驱策的身体运动，婴儿的看、听、牙牙学语和动作，都受到兴趣情绪的激起和指导。此外，兴趣还支持着感觉与运动之间的协调以及个体的运动技能的发展，为其生长发育打下坚实的基础。在儿童的生长发育过程中，缺乏兴趣这类情感的唤醒，会导致智力低下或冷漠无情。

（二）兴趣的重要意义

兴趣对个体的个性形成发展和生活中活动的体验水平有着巨大的影响。这些影响概括起来，有以下几个方面。

第一，兴趣能驱使个体从事一些对未来的职业有帮助的准备活动。举例而言，一名中学生对化学有浓厚的兴趣，这份兴趣就驱使他认真地学习各种化学知识、研究各种化学现象以及做各种化学实验，从而为将来从事化学方面的工作做提前的能力和知识的储备。

第二，兴趣能对个体正在进行的活动起推动作用。兴趣可以使个体在活动中集中精力地习得知识，并且创造性地完成活动中的任务。著名学者丁肇中教授就曾经深有感触地说：“任何科学研究，最重要的是要看个体对自己从事的工作有无兴趣，或者说看这个人有没有事业心，任何强迫也不行。比如做物理实验，因为有兴趣的加持，我可以几天几夜废寝忘食地在实验室里，专注地守在仪器旁，时刻关注实验的过程和结果，并且及时做出调整。”也正是兴趣推动了丁教授的科研工作，从而使他获得了巨大的成功。

第三，兴趣对个体在活动中的创造性有促进的作用。兴趣能让人对自己感兴趣的内容进行深入钻研和创作。比如说，如果某个中学生对一门学科感兴趣，他就会在课堂上更加认真地听讲和思考，且会将一些知识融会贯通，形成灵活多变的创造性解题思路，不仅能提高其学业成绩，还能改变其学习方式，提高其学习效率。

由此可知，人的兴趣不但是在学习和活动中发展起来的，而且是从事活动的巨大动力，且对人的个性形成和发展起着巨大作用。

（三）培养良好的兴趣

讲完了兴趣的含义和意义，我们接下来谈一谈如何培养自己的兴趣。关于兴趣的培养方法，主要包括以下几种。

首先，个体要增加自己的各方面的知识储备，为培养自己的兴趣打好基础。

如果连一个事物或者某种活动都不知道是什么，那么很难会对这些事物或者活动产生浓厚的兴趣。举例而言，如果要培养写诗的兴趣，那就应该先好好地研究一下诗歌作品，体验其中美好的意境，了解作诗的基本规则和方法，这样就能为日后写诗打下技术和知识上的基础，而且，通过对这些基础知识的了解，可能会激发出自己写诗的兴趣。所以常常是知识越丰富的人，兴趣也越广泛；而知识越贫乏的人，兴趣可能也越贫乏。

其次，个体可以通过参与有趣的活动，来培养自己的直接兴趣。所谓直接兴趣，就是个体对事物或者活动本身产生了兴趣，是对新鲜的事物或者内容在感官上产生的一种新异的刺激体验，这种刺激体验表现得强烈而短暂。比如，学生们在新授课会表现得比复习课更有学习兴趣，这就是直接兴趣的作用，将活动本身设置得丰富而有趣，可以培养个体的直接兴趣。例如，有趣的游戏活动能引起儿童参与群体活动和体验社会角色的兴趣；而新颖的教学内容和有趣的教学方法，则能激发起学生们对学习知识的兴趣。

再次，个体可以明确目的与意义，进而培养自己的间接兴趣。

所谓间接兴趣，是指个体在明确认知活动的结果和意义之后所产生的兴趣。产生间接兴趣的个体，认知到了学习的意义和价值，进而引发了其求学的状态，这种间接兴趣，不会因为个体偶遇挫折而轻易更改。举例而言，在体育课的篮球教学中，我们不难发现这样的情形：学生们在初学篮球时，都有很高涨的热情，但后面的课堂之中，在面对相对枯燥的练习时，有的学生就会出现不耐烦的状态，注意力开始不集中，进而可能对篮球的兴趣减弱。但是那些经历过重要篮球比赛洗礼的学生却并不认为这些单调乏味的重复投篮训练是无趣的；相反，这些训练对他们来说更有挑战性和意义感，更能提高自己的球技。这就是直接兴趣和间接兴趣的最大区别。间接兴趣是对活动的结果和价值感兴趣，因而，要培养人们间接的、稳定的兴趣，就应让人们明确活动的目的与意义。

所以在我们的学习生活中，我们要追求间接兴趣。一般的教学活动，都只是发展了学生的直接兴趣，这种兴趣的激发，多半都是靠一些新异的刺激和事物本身的属性来引起学生们的直接兴趣，也有教师采用“放羊”式的教学方式来增加学生们的直接兴趣，这是不可取的，这种教学方式不但没有太好的教学效果，而且还难以培养出学生们的间接兴趣。

如果想要学生们的直接兴趣发展成为间接兴趣，那么就需要教师向学生阐明这一学科或者这一活动的价值和意义，或者学生们在冗长而枯燥的练习中感受到这里面的意义，且提高了自己的技能水平，进而对课堂和活动背后的意义产生了浓厚的兴趣。这个时候的个体就能感受到这项活动的无穷魅力，也就能认知到这项技能的意义所在，直接兴趣便转向了间接兴趣，这个时候，学生的兴趣才算是真正地建立了起来。

最后，个体可以根据自身的兴趣特点，去培养自身优良的兴趣品质。每一位学生的兴趣都各不相同，要根据其自身条件去进行兴趣爱好的培养。例如，有的学生兴趣广泛却不集中，那么就应该加强其中心兴趣的培养；有的学生兴趣单一却不广泛，那么就应该加强其兴趣广泛性的培养；有的学生兴趣短暂易变，那么就应该加强其兴趣稳定性的培养；有的学生兴趣消极被动，那么就应该加强其兴趣积极性的培养；有的学生兴趣在网络的虚拟世界，容易沉迷其中，那么就要加强其对现实生活的满足感，还要注意培养这些学生高尚的品格。

课堂实录

笔记栏

老师：同学们好，今天能有机会给你们上这一堂课，我感到非常开心。那么，我今天上的是什么课呢？是一堂心理健康课。难得今天两个班都有同学过来参与这个课堂了，现在请大家站起来，把你们自己的书放在身后的凳子上，先让自己动起来。

现在，我们一起先做一个活动。让我看看大家在做这个活动的时候，是不是所有的同学都能够准确地把这些动作做出来，当然，我也相信大家都是能够做出来的，我们试试看。待会儿我会说“风、雨、雷、电”，当我说到“风”的时候，大风就会刮来，这时候大家就要用双手把自己的眼睛挡住，因为大风刮来，为了不让沙子吹进我们的眼睛里，就需要做这个动作；当我说到“雨”的时候，就会有大雨下下来，平常下雨的时候，我们会打伞以避雨，所以大家需要把双手放在头顶上；相应地，当我说到“雷”的时候，就是会打雷，那么打雷是不是会有很大的声响，这个时候我们就要跺脚制造出噪声，就像是打雷了一样；那么当我说到“电”的时候，就是要有闪电了，这时候就要同学们鼓掌来表示。

“风雨雷电”暖场活动，活跃课堂氛围，引起学生的投入兴趣。

好的，这个活动的讲解结束，现在我们开始！风、电、雷、雨、电、雷、雨、风、雨、电、雷！

好的，这个活动我们先告一段落，大家请坐下，同学们已经玩得很开心了。那么这堂课上，我要跟大家讨论的题目是……请看大屏幕，请大家一起来朗读一下。

学生们：发现兴趣，高中生生涯规划。

老师：好，关于这个题目，你们发现了哪些关键词呢？

学生 1：高中生。

老师：对，有高中生。

学生 2：生涯规划。

老师：是的，还有生涯规划。

学生 3：兴趣。

老师：是的，还有兴趣，说得非常好。这堂课的主题，针对的是高中生，这是我们要培养或者上课的对象，那么这堂课要对高中生做什么事情？答案是进行生涯规划。有的同学反应很快，说他还看到了兴趣，这不仅仅是生涯规划。想必大家也已经猜到了，我们这堂课讨论的是兴趣和生涯规划的关系。古人云“吾生也有涯”，这句话是什么意思？我想问问大家是怎么理解的？有没有人愿意发表一下自己的观点？

学生 4：一个人的生命是有终点的。

老师：一个人的生命是有终点的，既然生命是有终点的，那么我们每个人存活在这个世界上的岁月也都是有限的，但是我们可以通过规划自己的生涯，让自己生命的宽度变得更为广阔，这样我们才会活得更有意义。那么，生涯规划与我们各自的兴趣有什么关系呢？大家都想一想，有同学想到了，就可以举手示意进

循循善诱，
逼近主题。

行分享。

学生 5：应该是兴趣决定生涯。

老师：你说兴趣决定生涯，那也就是说兴趣对生涯能产生很大的影响。如果一个人找到了自己感兴趣的领域，那么他的生涯会受到什么样的影响？

学生 6：会变得更好。

老师：会更好，说得不错。还有人要说的吗？

学生 6：会有一定的目标。

老师：如果发现了自己的兴趣领域，那么个体就会有一定的目标。大家设想一下，如果今后，我们所从事的职业和我们所处理的这些事物，都是自己所感兴趣的，我们会怎么样呢？我们会过得很快乐，而且会在所从事的事情中投入更多的精力和热情，当取得了一些成绩之后，我们会更有兴趣，也就会更加积极地投入现下的工作。换句话说，如果我们赖以谋生的工作，就是我们感兴趣的领域，那我们的表现会受到什么样的影响？

学生 7：更有效率。

老师：如果我们因此变得更有效率，那是最美好的事。通过刚才的讨论，大家就都能够明白了，我们如果能找到自己真正感兴趣的工作，这将对我们的职业生涯大有裨益，我们的人生也会过得更加精彩。那么今天的这堂课，我们就来开启一段发现兴趣之旅。请大家帮助我把铅笔和纸分发下去，抓紧时间，以最快的速度让全班同学人手一支铅笔和一张纸，速度要快一点！非常棒，大家的动作都特别快，同学们，看着手里的这张纸，请你们想一想，当你们做哪些事情时，自己会感到愉快呢？请你们写出自己喜欢的活动，并说一说喜欢这个活动的理由。你们平常喜欢做的事情，都可以写上去。好了，我要找同学站起来进行分享了，这位同学，你说一下平时喜欢做什么事情？相信你肯定有的。

学生 8：老师，你看我写的这些比较肤浅。

老师：比如说呢？

学生 8：比如说睡觉。

老师：睡觉，那说明你感到累。喜欢的理由就是睡觉能让你感到很舒服。

学生 8：那这样会不会显得我很肤浅？

老师：没有，跟着自己的心走。我现在讲清楚，下面大家看到自己手里的纸上都画了一个坐标，纵坐标向下的方向代表的是与人接触，向上的方向代表的是与物接触；横坐标的左边方向代表的是资料处理，右边方向代表的是创意思考。比如说，会计这个职业的工作人员，同学们看一看他们是喜欢资料处理，还是喜欢创意思考？

学生 9：资料处理。

老师：对，是资料处理，那么设计师呢？

学生们：创意思考。

老师：那么你们说一说，一位修理工，他是喜欢与人接触，还是喜欢与物接触？

学生们：与物接触。

老师：那么一位教师呢？他会喜欢与人接触，还是喜欢与物接触？

学生们：与人接触。

老师：那么与人接触又可以分为多少个等级？是与人一般的接触，还是亲密的接触？现在大家写出自己最喜欢做的 10 件事情，然后把写出来的这些事情都放在这幅坐标图里，从下面开始，给大家 5 分钟时间。这位同学，你没有笔吗？那你能不能通过自己的努力去找到笔？试试看，好的，你解决了笔的问题，非常棒，给你点个赞！好的，现在时间到了，请两位同学分享一下你们的事件和画出来的坐标图，这位同学，你先说说看，说说你自己怎么列举的事情，

鼓励学生们应用坐标，写出自己最喜欢做的事情。

又是如何画好的坐标图，以两件事为例说明一下就行。

学生 10：我喜欢做的事情，第一件事是打游戏，第二件事是看动漫。

老师：你喜欢做的事，第一件事是打游戏，第二件事是看动漫。那么你怎么将它们画在坐标里面的？

学生 10：打游戏是偏向于与物接触，看动漫也是与物接触，但是看动漫与打游戏不同的一点是，看动漫更偏向于创意思考。

老师：看动漫有创意思考在里面。那你就知道了自己是喜欢与物接触的那种人，然后就可以不找与人接触太多的工作了。这位同学的分享也是一种勇气，喜欢什么就可以说什么，大家都加油，站起来分享一下，都说一说。

学生 11：我第一件喜欢做的事，就是睡在被窝里面，因为舒服，第二件喜欢做的事就是玩手机。

老师：好的，还有没有谁要分享一下自己最喜欢做的事情？

学生 12：我最喜欢做的第一件事是和朋友在一起玩耍，第二件事就是养猫。

老师：我来看一看你说的。养猫放在哪个

坐标里面？与物接触还是与人接触？

学生 12：我和朋友玩耍那是与人接触，养猫是与物接触。

老师：你把这两件事都放在了创意思考中，也就是说，这两件事都让你感觉不是资料处理，你看你这里喜欢做的事情，都不在资料处理这一项里面，那么你就知道自己是不喜欢资料处理类的工作的。旁边的这位同学，请你分享一下吧，声音大一点，站起来分享试试看。

分享时有意识地引导学生们将喜欢做的事情与既定的参考标准做对照，帮助学生们找到自己的兴趣所在。

学生 13：和朋友出去玩可以放松自己，我把它放在与人接触的类别里，然后我也认为这件事情是有点创意思考的。

老师：好的，请坐。这位同学，请分享一下你最想做的事情。

学生 13：我喜欢烹饪，这个兴趣爱好属于与物接触的范畴，也是那种自己动手丰衣足食的事情，所以我把它归类在创意思考里，这里的创意思考的程度我标注到 4 这个层次了。

老师：烹饪也在创意思考里面，这个我赞成。

学生 13：我还喜欢跟闺蜜窝在家里追剧，这件事情就是与人接触，追剧很开心，所以这里的与人接触的程度，我标注的是 5 的水平。

老师：分享得非常好，你请坐下。现在大家

都把刚才写好的最喜欢做的10件事，标注在这个坐标轴上面了，现在请大家看看自己画出来的坐标图的状况，自己总结一下，看看自己是擅长与人接触，还是擅长与物接触呢？到底是喜欢创意思考，还是更喜欢资料处理？给大家2分钟的时间好好想想。

思考时间到！大家看这里，我手上有一张表，这张表就是根据刚才坐标轴上的4个维度上不同水平的得分，总结出来的与这些数据相对应的工作岗位。请大家尽快帮我把这张表发下去，抓紧时间，动作要快点。

结合已有的科学的职业类型划分方法，对学生们的职业倾向进行进一步的确认。

好的，现在大家手上都有了这张表，请看大屏幕，心理学家霍兰德把职业人格类型划分成了六大类：R型、I型、A型、S型、E型和C型。那么，这几种不同的职业人格类型，是否相对应地适合于不同的职业？大家看一下，R型跟哪两种类型相邻？是I型和C型。再看看S型跟哪两种类型相邻？是A型和E型。那么S型与哪种类型正好相对？S型跟R型正好相对，也就是说这两种类型正好相反。请大家看看自己手中的这张表，这张表就是按照大屏幕上显示的顺序排列好的，现在同学们可以根据自己刚才列举的最喜欢做的事情和画坐标轴的结果，对照这张纸看看自己适合哪些类型的工作。

在喊同学起来分享之前，我们先一起把这几种类型了解一遍。先看 A 型，这种类型的人，喜欢自我表达，喜欢文学，喜欢音乐、艺术和表演等具有创造性和变化性的工作，重视作品的原创性和创意表达，善于自我表达，追求自由和美，所以 A 型是属于艺术型的人格类型。这种 A 型人格类型的人，对职业环境有什么要求呢？这一类人希望以非传统的方式表现自己，需要相当自由开放的创作环境，那么拥有这种人格类型的人，都有哪些职业能与他们相匹配呢？这里列举了一些职业：作家、编辑、音乐家、摄影师、厨师、漫画家、导演以及设计师。以设计师为例来说明，设计分为各种各样的设计，比如说，建筑设计和服装设计，建筑设计师更喜欢与物接触，那服装设计师相对建筑设计师而言，更喜欢与人有关系的一些东西，当然，这里仅仅是给了一个分类的方向，光是设计师，我们就有多个领域的设计师，大家可以根据自己具体的情况，选择自己可能从事的职业类型。现在给大家 5 分钟的时间，请大家抓紧时间选出最适合自己的那些职业，方法就是根据自己刚才画出来的坐标图与刚刚发给大家的那张表

经过前面较为充足的讨论和思考，在此阶段的分享中，学生们的思路愈发明朗。

上的职位类型进行对应，然后找出适合自己的职业。具体来说，就是从与人接触或者与物接触这个维度，还有从创意思考还是资料处理这个维度，根据这两个维度的不同水平来对照着表格找到适合自己的职业。时间已经差不多了，希望大家动作快一点。

在我们前面环节的铺垫之下，不少同学都快速而准确地找到适合自己的领域了，很棒，那么我们可以再把职业细化一点，可以圈出自己有可能从事的具体职业。我们现在开始一个一个地进行分享，你以后想做什么？

学生 14：我不知道。

老师：这个找到的职业，只是一个方向，比如说，像这一栏中的“教师”这个职业，那么“教师”这个职业的共同特点就是关心人、习惯与人接触，而拥有这几个特点的职业可以有很多个，不仅仅是我们这里用文字列举出来的。

学生 14：上高中没想那么多，就想着要好好学习，然后考个大学，工作的事，就想要留到上大学的时候再想，父母给我的规划就是这样的，而且从小到大，我的老师和家长都是这么说的，现在让我自己选择职业，我都不知道我的理想是什么。

老师：那你现在想，可以吗？

学生 14：为什么？我都已经被规划好了，高中分文科还是理科，高考要考上什么大学，以后报考哪个专业，这些都被父母给规划好了的。

老师：那他们规划你读文科还是理科？

学生 14：爸爸说我理科不行，让我选文科，那就选文科吧。

老师：那选文科以后你最想做什么事？

学生 14：考上大学，读大学之后看我爸怎么安排。

老师：那你不知道你自己做什么事情会感到快乐吗？

学生 14：我喜欢看小说。但是在读书找工作这些事情上面，需要父母做决定，因为父母总不会害我的。

老师：那你只喜欢看小说，以后也不能养家糊口，你有时候会不会想到要去写小说？你喜不喜欢写小说？你觉得当作家怎么样呢？你爸爸能代替你过日子吗？你这辈子过得快不快乐，你爸爸他知道吗？

学生 14：老师，您不要那么不现实，快乐能当饭吃吗？能养活自己吗？

老师：我表达的意思是，如果你从事自己喜

欢的事业，你过得不是会更快乐吗？

学生 14：可是这个世界上，有几个人能从事自己喜欢的事业，并且能用这一份事业养活自己呢？您的想法太不现实了。

老师：你们现在只是高中生，还有时光可以去寻找，寻找那些让你们感受到快乐和意义的事情，此刻我们课堂上的这个环节里面，就是在做这件事。

学生 14：高中生的校园生活，并不是像小说或者电视剧里面那么有活力和有梦想，那都太假了，怎么可能呢？

教师与学生之间就某种观点的辩论和博弈，是体验式课堂中一道亮丽的风景线。

老师：你们还这么年轻，完全可以奔着自己的梦想去，有的人将来可以按照自己的喜好去做设计师、教师甚至是作家，这样按照自己的自由意志生活，可能会更加地幸福快乐。而你们现在就可以找到自己努力的方向，然后奔着这个方向努力地去实现这些目标。

学生 14：明明有一条平坦的路可以走，为什么要选择那些坎坷的呢？要是失败了又怎么办呢？

老师：失败了也没关系啊，最起码我奔着自己的梦想去了，我尝试过了。

学生 14：就说现在的女孩子吧，如果最后失败了，那么之前的大好青春都蹉跎在追梦的路上了，多浪费啊，到老了不仅事业没做成，连嫁都嫁不出去了。

老师：那你现在为什么还要看小说？你父母已经替你把人生都规划好了，你为什么还要做看小说这些无用功呢？你直接跟着你爸爸的方向走不就行了吗？

学生 14：我不觉得我做错或者说错了什么，老师您为什么要那么生气？

老师：我没有生气。这件事应该让你自己去想。在这堂课上想不通的同学，可以在课后再去慢慢地消化。孩子，老师抱抱你，你也是个很好的孩子。

学生 14：我做错什么了吗？

老师：你没有错，老师感受到你在探索，你在思考，这是很棒的一种表现，你在思考关于未来职业的这件事情，这是很棒的。我们的这个课堂上，就是要大家说出自己的心里话，你刚才的表达没有任何问题。

申明本堂课的目标，使学生们做到心中有数。

我看到绝大部分同学已经找到了自己以后的职业方向，当然，还有少部分同学不知道自己到底想要干什么，或者有的人还得回家和父母探讨一下。大家在前面环节的探索过程中，有思考，有领悟，有冲突，也有迷惘，这些都没有对错与好坏之分，这也是我们这些各具特色的人的不同的成长方式。以前也许大家没有思考过这么长远的问题，可能考虑过的最长远的问题就是好好学习，然后考上一所不错的大学，但是你们遇到了今天的这一堂生涯规划课，借助课堂中的这些活动和技术，我们就可以认真考虑一下今后的职业倾向到底是什么。

同学们，我在备课的时候，也回想了自己在你们这个年纪的时候，对自己的兴趣也摸不透。大家在读的这所学校，其实也是我的母校，我跟大家也可以算作是校友。说真的，我这么大岁数了，都还没有找到自己的兴趣所在，那我是怎么一路走过来的呢？高一的时候，我成绩还不错，期末考试的时候可以排在班级前十，到高二的时候就迷茫了，不知道自己的方向在哪里，然后我就一直稀里糊涂地、走一步算一步地过着。就像刚才说的那样，我按部就班地考上了大学，然后随着潮流做了教师。可能是没有尽早地做生涯规划，后面一直过得迷迷糊糊的，就像是摸着石头过河，而且还不知道过了河要去哪儿。然而，过去之事不可追，不管我从事何种职业，只要尽职尽责，尽心尽力，这么多年来，我还是能在教师这个工作岗位上找到一些乐趣，虽然可能没能挖掘出自己的天赋或者爱好，但现在已为人师，时常与你们一起探讨知识，有时候我的一些观点和指导对你们产生了正面的影响，这就让我有了成就感和价值感。

教师的自我开放，推动了课堂中心理场的发展，也让大家的内心变得更加地放松和有表达欲。

不知道从我的成长故事中，大家有没有得到什么启发？也许有的时候，我们没能从事自己最感兴趣的行业，但是当我们不得不从事一项工作的时候，我们还可以在工作当中培养出新的兴趣，大家同意我的说法吗？

学生们：同意。

老师：当我们没有找到与自己兴趣相匹配的工作，又迫于现实与生存的需要环境与自身的限制时，不得已就真的只能从事眼前的这份工作。工作暂时不能更换，但是我们的兴趣是可以培养和改变的，所以，在工作中培养对相关领域的兴趣，也是一个未尝不可的方法。

那么现在，我想请同学分享一下是怎么找到自己的兴趣的？现在有什么想法？一共有 3 次机会，这位同学，你来试试看。

学生 15：我不怎么喜欢跟别人交谈，也不习惯给别人出主意，我选择了园艺师或者兽医。

老师：你有意于园艺师或者兽医，你现在找到了自己的方向，做与这两种职业相关的事情会让你更加愉快。那么你接下来想要做一些什么准备？

学生 15：看一些关于园艺方面的书，或者在平时多了解小动物。

老师：你发现自己在园艺和照顾宠物方面的兴趣，接下来也打算往这两个方向发展，你会看更多的一些关于园艺方面的书，也会了解更多关于小动物的知识，那么将来你读大学会报考什么专业呢？

学生 15：多半会学习与园艺有关的一些专业，毕业以后还可能会开一家花店。

老师：也就是说你会考与园艺相关的专业，以后在读大学期间，你就会向这方面努力了，如果你最后实现了自己的目标，你会过得怎么样呢？

学生 15：我觉得我会很快乐。

老师：好的，还有两次分享的机会。现在由哪位同学来分享？想要分享的同学请举手，来，这位同学，请你试试看。

由于时间和设定的关系，没有必要让所有的学生都参与分享。

学生 16：我想要当一名厨师，因为我喜欢吃好吃的。

老师：好的，你喜欢吃好吃的，所以想当一名厨师。

学生 16：没有其他的原因了。

老师：那你在报考大学的时候，会有什么想法？

学生 16：可能会往这个方向靠拢。

老师：那么你现在发现了自己的兴趣和努力的方向，就会往这个方向靠拢，这会对你将来的生活产生什么影响？是不是实现了自己的目标之后会很开心？

学生 16：对。

老师：好，你请坐。你实现了自己最想达到的目标，如果我们也像他一样去从事自己最喜欢的职业，那么我们在今后的工作岗位上，是不是就会更容易取得成功呢？我想这个答案是肯定的。这位同学，来，你来说说看。

学生 17：我想当心理咨询师。

老师：你说想当心理咨询师，那就是你已经找到了自己的喜好。接下来你打算怎么做？

学生 17：好好地跟别人交流。

老师：交流是可以的，与此同时，你还需要多看这方面的书。那你准备大学就读什么专业呢？

学生 17：也选这个。

老师：那就是方向也确定了。想要当心理咨询师，你就要去了解心理咨询师的必读书目，以及需要具备一些什么样的能力。那么，现在请同学们就近 3 人一组进行分享，讲一讲你的兴趣，分享一下你今后想要从事的职业。这位同学，你想好了吗？

学生 18：我想当生物学家。

老师：那你读大学准备报考什么专业？

学生 18：生物专业。

老师：非常棒。如果你最后实现了自己的梦想，那么你肯定会感觉到那种实现目标的成就感和价值感，因为从事自己喜欢的事情，就会全情投入。你现在就已经有了职业的倾向性，那么就会提前做功课，在攻读生物专业的时候也会更有兴趣，投入度也会大很多。刚才在大家讨论的过程中，我也进行了一些观察，发现许多同学都在这个活动当中找到了自己职业的倾向性，或者有的同学直接就定下了一个明确的目标，比如，这位同学可能会成为一名生物学家。还有个别的同学说想做导演，我觉得这个梦可能有点远，是不是要先把钱挣足了，把基础知识打好了，然后再去逐梦，去当导演？还有一位同学的内心很矛盾，想当教师又想当摄影师，他问我怎么去调节这两者，这位同学，你觉得应该怎么去实现鱼与熊掌的兼得呢？

学生 19：去当摄影教师。

老师：我们给他鼓鼓掌，谢谢你，摄影教师是不是也是一个很好的选择？其实还可以当常规的教师，然后在课余多拍一些孩子的照片和视频。还有一位同学也有纠结的地方，他喜欢做固定的工作，还喜欢与人交流，那么你在做选择的时候，就要在表格的这些职业当中找满足你的这两个要求的。好的，现在大家看大屏幕，大家都喜欢做自己最擅长的工作，刚才在与大家闲聊的时候，有的同学说，如果他这一生从事的是自己最感兴趣的工作，那么他将快乐一生。

教师认真观察，分享时要用描述性语言客观地呈现现象。

大家看大屏幕上的这一幅人格类型图，如果一个人的人格是 R 型，那么他就可以选择这里显示的符合 R 型人格的工作，当然，如果在 R 型人格对应的工作列表中没有找到称心的职位，那么也可以选择相邻的 I 型和 C 型所对应的职位。而且在现实生活当中，我们也要根据现实的条件和个人的情况，当不得不在 C 型和

I 型中寻找工作的时候，其实也是可以适应和协调的，只要适当地投入一些精力，也还是可以做得很好。但是如果不是选择与 R 型相邻的 I 型与 C 型所对应的工作，反而是选择与 R 型相反的职位，那么，按照 R 型人格的特点，预期其在工作的过程中就会遇到很多挫折。

大家看一下，R 型和 S 型处于对立的位置。如果说一个 R 型的人不得不选择 S 型的工作，他工作起来就会很难受。所以我们要尽量避免选择与我们的性格类型对立的职业。

建议：一堂课的效果不会那么明显。向学生追问其课堂上的收获，显然不合时宜。

好的，都讲得差不多了，谢谢大家来参与这一堂课。最后，我想请你们谈一谈自己都有哪些收获。

学生 20：找到了目标。

老师：找到人生目标了，有了目标，就好像有了灯塔，可以给我们指引方向。请问这位同学，通过这堂课，你有什么收获？有没有找到自己的职业方向？

学生 21：暂时还没有完全找到。

老师：那你今天收获了什么呢？

学生 21：大概找到了自己的方向。

老师：说的是大概找到了一个方向，但是职业还没有定下来，不过这是一个好的开始。

学生 21：在这里更好地了解了自己。

老师：今天更好地了解了自己，在什么方面了解自己？

学生 21：了解了自己的兴趣。

老师：找到了自己的兴趣。

学生 21：确定了自己的职业方向。

老师：你的职业方向是什么呢？

学生 21：计算机方向。

老师：计算机之类的，好的，那么你们马上就要考大学了，选择什么样的专业才合适呢？

学生 21：报考的专业大概是和计算机有关的专业。

老师：如果想要大学阶段把计算机学好，那么在高中阶段，你要学好哪些科目？

学生 21：信息、数学和英语。

老师：你将来要从事计算机一类的工作，信息、数学和英语这几门功课都要特别好，只有在这些领域成为懂行的人，工作起来才会更加得心应手。还有没有同学自愿上台分享？

学生 22：我找到了自己想做的职业。

老师：想做的职业是什么？

学生 22：IT 行业。

老师：你如果要在今后做好 IT 行业的工作，

那么在高考后报考志愿的时候，你准备报考什么专业？

学生 22：学计算机。

老师：你在高中学习阶段要做好什么准备？

学生 22：要多与计算机接触。

老师：我们高中学习的科目中，有哪些科目你必须学好？

引导学生们思考目前自身的不足，鼓励他们为理想中的职业而努力采取相应的行动。

学生 22：计算机和数学，还有语文。

老师：语文能锻炼丰富的想象力。那如果有一位同学想做化学家，但是他的化学好像不太好，但是他真的对化学实验感兴趣，这个要怎么引导呢？就是要把短板给补上来。这位同学，你现在找到了吗？

学生 23：找到了一个大概的方向。

老师：那你想具体做什么？

学生 23：不知道。

老师：有什么倾向吗？

学生 23：计算机。

老师：又是计算机类的，男孩子特别喜欢计算机类的工作。还有一位同学也想表达，来说说看。

学生们：老师，害羞，害羞，他害羞！

老师：那就让他课后和你们私下讨论。现

在，请大家站起来，伸出双手为我们所有人鼓掌，有的同学在课堂上找到了自己的职业倾向，还有的同学非常清晰地知道将来要干什么。好的，再次将热烈的掌声送给这个教室里的所有人，在此，我预祝你们的理想都能够顺利地实现。最后，请同学们有序地离开教室，谢谢大家的参与和投入。

课后督导

（一）优点

这个课堂在设置方面，相较于之前的课堂，有了一些进步，也有一些亮点值得我们探讨。首先，教师上课的态度和语气变得更加柔和了，具体表现为在其解说游戏规则的时候，有意识地去表达温柔的而不是尖锐的一面。教师说：“大家一起做，不能一个一个地轮流做。”这里的语调有点活泼的感觉，课堂就会显得更加生动，上课的时候给学生内心的压迫感少了许多，这恰恰是人格里的重大突破。

其次是“风雨雷电”的 3 分钟开场环节，这里面的效率比之前的课堂高了许多，之前课堂的开场可能都需要 15 分钟的时间，现在已经把它优化了，省下了 10 分钟左右的时间，可以用来去做更核心的环节了。这明显就是教师有着技术优化的意识，而且也付诸了行动，只要有这方面的行动，就能收到良好的效果。这也是我们值得学习和借鉴的改良精神。

（二）不足与优化建议

1. 趣味性与专业性的平衡

这里还有一点细节需要我们引起注意，这个也是难以把握其中的度的方面。在“我长大了干什么”这个问答的环节中，很容易出现顾此失彼的情况，包括前面的体验课的课堂中都有出现过这种状况。具体来说就是，如果在某些技术的体验上走心了，学生们都投入较深，那么这个时候，往往教师就不进行知识讲解了，结果当要进行知识讲解的时候，课堂上的氛围又变得不利于学生们吸收这些知识。换句话说，专业性太强的时候会显得趣味性不够，趣味性和体验投入都很好的时候，可能这个专业讲解又缺席了，这就是对教师的课堂敏感度的考验，这里面的拿捏很重要，尤其是做这种体验式的课堂，所以，这个课堂中的趣味性与专业性的平衡能力，理当成为优秀教师的评价标准之一。

而趣味性和专业性顾此失彼的情况，在上面的课堂中还是有出现的。往往课堂中的理性会很强，当教师只顾着讲解理论方面的内容时，就会发现学生们的情感没有被激发出来，这样一来，课堂上走心的东西就会减少，然后就会出现这种顾此失彼、趣味性和专业性这两条线不能同时并行的情况。

2. 关于课堂中一些环节的优化

我们再看看课堂中还有没有需要优化的环节。这堂课收尾的时候，韩老师说：“谢谢大家，你们今天收获了什么？”然后当场就有位同学说找到了自己人生的目标。这里面的关于教学效果的定位，教师一定要注意了，不可过于急躁，也不能暗示学生们说出并不真实的教学效果，并不是说学生们一定要找到人生的目标，这堂生涯规划课才算是有了效果，如果没有人站起来说出个所以然来，那么课堂就是失败的。这可能是很多人想当然的看法，而恰恰是这种观念导致了课堂效果评估的虚高，导致了学生课堂上说一套、课后做一套的“两张皮”的现象产生，更是导致了教师们对学生们在课堂中的收获过于有信心的假象。

那么，如果要对这堂课的结束语做一个优化，我们可以这样结束：“同学们，今天是我们的一个开始，今天我们一起探讨了我们的生涯，这是人的一生都要考虑的东西，但今天也许是我们第一次开始思考这个问题，也许大家已经有了感觉，有的多一点有的少一点是吧？多一点和少一点都没关系，我相信每一个对自己负责的人，都会通过学习和思考，然后慢慢地意识到自己真正想要的是什么，因为只有知道自己想要什么样的生活，将来我们才能到适合自己的地方去。”

从客观的角度来说，不要试图马上从小窟窿里掏出来一个大螃蟹，如果硬要掏出来，那么学生们在回答问题的时候就非要造假不可，当他说自己找到了人生目标时，旁边人都想笑，因为旁观者清，连小伙伴都知道这位声称自己找到人生目标的同学可能仅仅只是为了配合老师，这样得到的“教学效果”是虚假的。硬讨来的效果就不是真正的效果，我们一定要追求水到渠成的真正效果，同学们的收获一定是和他们的投入以及悟性相匹配的，上面这堂课结尾用了 8 分钟的时间探讨课堂的效果，教师一直在找同学确认其收获，这个环节其实可以点到为止了，只要让同学们对生涯规划有一个正确的认知就可以了，或者让他们在日后的学习生活中有继续思考和探索的意识就可以了，这样的话，这堂课就是有价值的。

教师还是得从知识、技术和带领这 3 个方面下功夫。也就是说，教师的知识要非常丰富，且能把这么渊博的知识转换成具体的课堂技术，然后在技术的带领过程中去实现教育效果的最大化。当做到这种程度的时候，这就是一堂好的课。

大家想一想，如果按照我们的这个如此严格的全方位无死角的评课标准，任何一位教师上过的课拿出来给我们评论，从教师心理资本、团体动力、技术设计以及课堂在人文和科学的体验等角度一一分析与评价，那么，将没有完美的课堂，所有的课都会被批评得面目全非。所以，我想表达的是，这两天上课的教师都不容易，她们已经做得很优秀了，在此感谢她们的努力，感谢她们精彩的课堂呈现。

其实教师在自己评估课堂状态的时候，会感觉到有两种场，一种是自我感觉还不错的场；另一种就是当下现场的客观存在场，有时候这两种场之间会存在着一定的差距。也就是说，当课堂上的教师在进行表述的时候，观摩课堂的旁观者看到的场，肯定是与教师自我觉知到的场不一样的，那么我们就要通过观察同学们的表现，来判断课堂中教师对场的把控是否恰当。

这堂课中的场发生了积极方向的变化。从开始的教师自我感觉不错，后面慢慢地调整到了同学们真正能得到体验和成长，这里是一个巨大的转变，无论是从教师的言语措辞，还是从同学们的投入与体验，我们都能感受到这其中的变化。教师作为课堂的带领者，能真正地感受当下团体中每一个鲜活的心灵的状态，那么，只要同学们和教师都投进这个课堂的场中，做活动也好，谈理论也罢，积极寻求对科学和人文两个部分内容的平衡，而且只要是大家都有所收获，这堂课就是有价值的。至于想要达到教育效果的最大化，则课堂的方方面面都还需要细细地打磨。

那么，课堂中最核心的东西是什么？也许就是我们的这颗心。古往今来，多少的科学家、教育家和思想家等能人志士，他们的发明、创作和经营，都是围绕着民众心之所向而进行的。他们能嗅到人们的内心的需要和感受，那么我们教师作为现代第一线的教育工作者，也要有意识地培养自己感知同学们心理状态的能力。所以，在课堂上，当教师全身心地投入课堂时，如果教师能感受到课堂的走向是符合同学们的内心期待，且有助于他们成长的，那么这堂课的走向就是对的，反而旁观的教师可能还没有带领课堂的教师感受真切。先要保持和推进真实的情感与情绪体验，教师再辅以技术和理论知识的强化，这堂课也就离成功不远了。

（三）其他思考

1. 针对高中生防御机制的应对设置

在让学生讨论和分享“我喜欢做的事情”之前，需要有一个提前的设置，就是为了避免出现有的学生回答“最喜欢做的事情就是睡觉”这种情况发生，还有的同学回答说喜欢看动漫和打游戏，因为教师给问题设定的范围是你最喜欢做的、让你自己舒服的事情。这个设定范围本来是无可厚非的，但是如果同学们好几个公然在课堂上说喜欢睡觉、喜欢打游戏和喜欢看动漫等没有太大建设性的活动，可能会影响课堂的动力场。

为避免这种现象的发生，这个环节的指导语应该要对答案做一些范围上的设定，即“对我们的未来发展具有积极影响且你们最喜欢做的事”。这里的范围设定也是有讲究的，不能使限制的范围太窄，因为这样就是强制性的答案了，但是也不能毫无范围、漫无边际地让学生随便答。课堂上至少要分享一些有积极意义的内容，不然任其发展，特别自制和上进的同学都会被一些懒散的负面情绪给带偏了。比如说，当有 3 位同学连续回答说他们最喜欢做的事情就是发呆和睡觉时，那么在课堂上，这种分享反而具有负面作用，后面上来分享的同学，很可能说的最喜欢做的事情也不会那么的有建设性了，这个时候，很可能课堂的氛围就开始走低，学习的动力也会随之减弱，教师要以提前对问题的设置来避免这种现象的发生。

现在的孩子普遍早熟，思想意识比较超前，有时候在面对教师和家长的威压之时唯唯诺诺的反应，也只是掩人耳目的假象。高中阶段的学生，就算说是 10 个学生 9 个叛逆都不为过，另外一个不叛逆的，那是因为没有表现出来。殊不知，他们的内心已经竖起了一堵自我防御机制的高墙，这也是普遍的青春期的学生们所具备的心理特征。很难去大范围地改变这个年龄阶段学生们固有的心理特征或者心理倾向，只能说在课堂上做一些技术来缓解或者减轻他们的防御和阻抗。

当学生们防御机制很强的时候，就会出现敏感和易激惹的状态。比如说，某个成年人只要跟他一谈聊天，正处于叛逆期的这个小孩，很可能就会觉得这个大人就是父母派过来的说客，然后马上内心就很警惕，认为这个大人一定是来给他谈道德、谈理想、谈学习和谈上课的，有时候一言不合就会出言不逊，甚至直接摔门而去。所以在课堂上，有些人直接回答说最喜欢做的事情是睡觉，这很可能也是一种防御机制，本来可以认真思考了再作答的，结果他内心觉得教师又要开始像训话一样地谈高考和谈理想了，于是就用“最喜欢做的事情是睡觉”来敷衍着回答了。当然，初中生的叛逆没有高中生那么明显和严重，因为高中生的生理和心理发育，让他们更加独立自主却又偶有不适应的地方，再加上课业繁重、学习生活过于规律和枯燥，背后还有家长和教师们的殷切期望带来的压力，让他们产生厌烦感和想要逃离的冲动，所以难免会对说教类的课堂和谈话格外反感。

我们生涯规划课的目的不是要让学生们从各种主题的例子中产生愧疚和悔恨的心理，然后擦干眼泪立志从此好好学习；我们只是想要让学生们能够有一个生涯发展的大局观，通过客观的数据和知识的展示，通过科学的技术和环节的参与，通过教师的澄清和讲解，能让他们对自己未来的路有一个基本的规划，这就足够了。但是这个把控需要教师有深厚的功底，要想做到很好的教育效果，还是有一定难度的。

2. 生涯规划课中技术的分类

这几堂课中，教师用了多种技术，如果从外显的形式将这些技术进行划分，这些类型便可以包括纸笔练习、戏剧演出、绘画涂鸦、模型填充以及情景问答、时间线索、空间线索等。当然，技术千千万万种，分类何其多，肯定在列举出来的种类之外，还有许多其他形式的技术。有了这个技术分类的思维之后，你就会发现，不论是何种形式的体验课，剥去华丽的外衣，其本质都是在这个分类的列表里的。那么，教师在备课的时候，就可以根据主题的不同，去选择不同的技术，再把客观的背景知识与这些技术融合在一起，再在不断的实践操作中融会贯通。这就是系统化之后的威力，当我们建立好了系统化技术分类体系之后，无论是备自己的课，还是去观摩别人的课，都能做到心中有数，有大局观，更能够透过现象看到本质的东西，这个时候的教师，就成为真正的课堂专家了。

3. 生涯规划教育在不同阶段的特征与设定

生涯规划课在小学、初中和高中这 3 个不同的阶段，其课堂的任务目标、操作形式和课程设计都是有所区别的。生涯教育的终身发展需要分出层次，具体而言，就是小学阶段的生涯规划课主要在于启蒙，初中阶段的生涯规划课主要在于探索，而高中阶段的生涯规划课主要在于规划。课堂上的技术操作的形式也是比较多元化的，比如说，小学阶段偏向于游戏和体验，初中阶段主要是技术与方法的练习，而高中阶段的主要任务则是使学生开始形成生涯发展的自我规划意识，有时候可以试着让这个阶段的同学们独立做出一些关于未来的规划，并且定期与其讨论，按照具体的情况，可以做出适当的调整。

到了高中阶段的生涯规划课，其内容就要细化为具体的应对措施，这个就不是停留在认知层面的生涯规划，而是要在实操的规划层面上下功夫，且需要与当下学生自身的状况相符合。这里要注意，高中的生涯规划课与各种动员大会上喊口号、表决心是不一样的，在课堂上不需要强调光辉远大的理想，只需让这些在高考前3年中日复一日学习的同学们的内心中产生人生的价值感、掌控感和意义感就足够了。由此看来，生涯规划教育更像是生命教育，而不像是那种传统的感恩教育和思想教育。生命教育乃是一种全人教育，它涵盖了人从出生到死亡的整个过程和这一过程中所涉及的各个方面，既关乎人的生存与生活，也关乎人的成长与发展，更关乎人的本性与价值。所以，再从生命教育的价值方面来看，生涯规划教育也关注着人的成长与发展，与生命教育确实有着重合的部分。

高中学生的生涯规划教育课堂，已经从认知和学习技能的阶段过渡到了问题解决的实操阶段。全局观和价值观也要培养起来，让同学们明白现下的努力和选择，即将决定自己未来拥有怎样的人生和成为怎样的人。如果我们在高中的每个年级各设置3堂生涯规划课，那么这9堂课的内容可能就要围绕着职业意义、自我规划、社会就业现状分析、观念与行为调整等方面进行，这种设定的前提是已经在小学阶段和初中阶段打好了相应基础，这里也再次显现出了生涯规划课的系统性课程开发的重要意义。

除了将课堂中的技术做一些分类的工作，我们还可以将生涯规划体验课的整个课堂过程做一个合集。具体来说，就是在多元的形式、多种的心理技术和多个主题内容的基础之上，按照相应的年龄或者年级特征，分别在小学、初中和高中阶段设置 6 ～ 9 堂生涯规划课，将这些课堂的精华全部编辑成教案范例，便能整理出来一本类似于《学生生涯规划与发展教育指导》的指导性工具书，这就是集众家所长的成果，也是从实践中找真知的过程。而且这个编著和探索的过程是永无止境的，我们生涯规划课的教师们，还有参与本次课堂观摩的教师们，在看过这两天的体验课之后，肯定也会在今后的教学岗位上有所裨益或改进。大家可以在这个生涯规划的领域做一些实践反馈型和理论导向型的研究，每一次研究的角度不同，得到的研究成果也会有所区别，时间一长，成果一多，这样就可以综合形成一套有效的、有价值的生涯规划课堂指南。况且，生涯规划教育的体系还没有完全建立起来，还是一个需要全体教育工作者去共同探索的领域。

4. 生涯规划课教师的多角色定位问题

教师在生涯规划课堂中，有着三重身份：讲师、带领者和心灵导师。在课堂上传道、授业、解惑的时候，教师就是一个教授知识的讲师；如果将课堂中的学生们当作一个团体，那么教师就是一个带领者，就是这个团体的动力推动者；而从心理团体的角度来看教师的角色，那么教师就像是一位心灵导师，主要任务在于帮助学生们进行内心力量的成长。只要是在课堂上的教师，应该多少都会有这3种角色的影子，只是在不同的目标和形式的课堂中，这3种角色所占的比例不一样而已。

如果是比较威严的传统的教师，可能其在课堂中更多的定位在于讲师的角色，团体的带领者和心灵导师的角色可能就没有那么多的分量了。所以，对一名传统的三尺讲台上的教师而言，转向心理健康教育、发展性的体验式课堂或者团体辅导性质的操作性课堂，无论哪个都是很困难的事情。现在的情况是，不仅仅素质教育的形式和内容改革了，也不仅仅是开始倡导学生们进行自主学习方面的创新了，对于教师们的教学风格、方式、技术和效果，我们都有了更高的要求。也就是说，不仅需要教师们能将知识表达清楚，还需要教师们能关注到学生们的心理成长方面，更希望教师们能够最大限度地激发和推动学生们自我成长与自主学习的动力。具体到生涯规划课堂上教师的明确目标之一，就是能够教会学生在未来的职业生涯中，有能力对抗社会竞争的洪流。那么这对教师的能力要求就更高了，教师不仅要能知其然，还要能知其所以然，要能够在不断地总结课堂经验的基础上，成为某个领域真正的专家，为了达到这个标准，教师无论是在讲师、带领者还是心灵导师的角色方面，都是需要下狠功夫去学习和历练的。这里的学习是指教师自己在学术理论上的自学和提升，历练则是教师在课堂上日复一日的能力锻炼和经验积累，而后才能形成自己成熟的教学风格。

课堂六

生涯规划蝴蝶模型

背景介绍

（一）关于生涯规划蝴蝶模型

随着职业生涯方面研究的逐渐兴起和深入，研究者们愈发地关注职业生涯过程中的偶然和突变的因素，通过一段时间的研究和实践，澳大利亚学者们在生涯规划领域引入混沌理论，重点研究职业生涯的现象和心理，从而提出了生涯混沌理论，用此来解释职业发展的复杂性和变动性等问题。蝴蝶模型（如下图所示）结合了计划和机会等方面的因素，让生涯规划更符合实际的情况，后来，研究者们在教学实践中，对蝴蝶模型的一般操作步骤进行了恰当的修改，让蝴蝶模型更加适用于中学生生涯教育的课程内容。

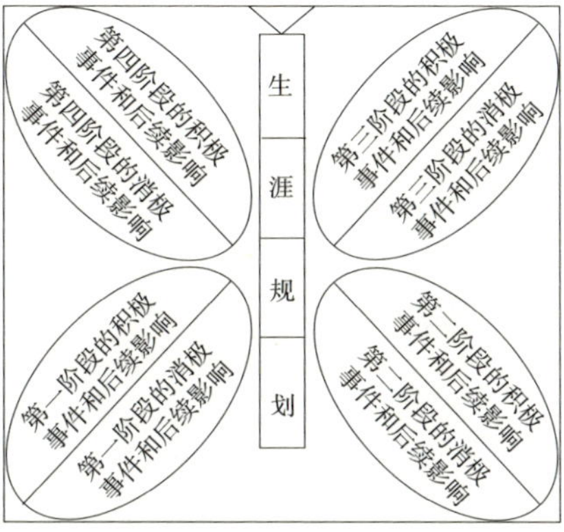

图　修改后的蝴蝶模型（含积极事件和消极事件）

（二）生涯规划蝴蝶模型的优点

生涯规划蝴蝶模型充分表明，个体在进行生涯规划的过程中，不仅要考虑可控和稳定的因素，还要考虑意外和运气等不可控的因素，以此应对日益变化的外部世界。

我们来看看生涯规划蝴蝶模型的优点。首先，生涯规划蝴蝶模型的直观形象具有美感和熟悉感，容易激发学生兴趣。最开始的蝴蝶模型与蝴蝶的形象不太一致，说理性和程序感太强，难以激起学生的兴趣，后来通过修改和完善，这个模型变成了对称而优雅的蝴蝶形状，还将计划和机会两方面的因素都融入模型之中，便于学生进行理解，也更容易激发学生的兴趣。

其次，生涯规划蝴蝶模型易于操作，容易启发学生思考。这个模型的操作步骤是：首先，写下自己对生涯的具体规划；其次，评估实现这个规划的可能性；再次，思考有哪些因素会影响到自己生涯规划方案的顺利施行；最后，想象在各个阶段可能会存在的积极事件和消极事件，这些事件对生涯规划方案又会造成怎样的影响。以此引发学生们的深思，让他们清楚地意识到自己的人生不会完全按照线性的方向去发展，且发展的过程中，需要根据当下的客观与主观的综合情况进行恰当的调整。

最后，生涯规划蝴蝶模型还适合保存，更能引发学生的事后反思。我们在课堂上手工制作生涯规划蝴蝶模型的时候，通过选择质量过硬且精美的纸张和让学生精心地涂写，这个生涯规划蝴蝶模型也可以说是一件艺术品了。学生也会更愿意保留这一份珍贵的作品，课后的时间可以经常拿出来翻看和对照，反思自己对生涯规划的实现程度，以激励和鞭策自己，更加走好自己的人生道路。

课堂实录

笔记栏

开场活动设定为肢体活动，是暖场的好选择，也能推动场的前进。

老师：同学们好，我们高一（8）班和高一（9）班的同学能在一起上这堂课，机会真的很难得，老师认为，这将是一堂让大家都很难忘的课。现在，请各位同学站起来，都保持安静，调整你们的呼吸，让自己的心情平静下来，把你们的嘴角上扬，调整为微笑状态。

接下来，我们做这样一个活动，大家先围成一个大圈，因为拥挤的原因，可能大家无法伸平自己的胳膊，大家就把右手掌心向下平伸到你右边的同学面前，右边的同学伸出左手，竖起食指，放在左边的同学伸出的手掌下。

待会儿一听到我的指令，你们的右手就要快速地去抓你手下的那根食指，而那根食指要赶快逃离别人的抓捕。那么，现在大家先听我念一句话，当我说到“蝴蝶”的时候，你们的右手就要赶快去抓食指，同时你的食指就要第一时间逃离，大家准备好了吗？

现在我要说“蝴蝶”好的，都行动完毕了，

大家抓住了吗？那么再来一次，我要开始说了，“糊涂奶奶真糊涂！”我看到有的人已经在抓了，有的人的食指也逃离了，我刚才说的是“糊涂奶奶”，还没说到“蝴蝶”这个词呢！当我说到“蝴蝶”的时候，你们才能去抓，才能去逃离。你们把自己的右手平伸，左手的大拇指竖好。我说“糊涂奶奶真糊涂！”的时候，你们就抓了，你们看他们那边就没动，大家耳朵要听清楚，你为什么抓了呢？

学生 1：没听清楚。

老师：他没听清楚他没抓，你是没听清楚就抓了。你们要听清楚，再来一遍。我要开始说了，“春天来了，百花盛开，一只漂亮的蝴蝶！”我看到有的人抓住了！都有谁抓住了？你抓住了，你也抓住了，你被抓住了，你是要抓他对不对？非常好。同学们，刚才这个活动中，当我说到“蝴蝶”的时候，你们的左手就想逃离，然后你们的右手就想去抓，是不是呢？

肢体活动：人的行为和心理是紧密联系的。通过每个学生、伙伴之间肢体的互动，暖场和引导的目标达到。

大家思考一下，我们日常生活中是不是也有这样的情况发生？当有一件事情或者东西，你特别想去抓住它的时候，机会正好错失了，你没抓住；但有时候你的反应非常快，就迅速地抓住了这个机会。当有不好的事情，你遇到后想逃掉或者放弃的时候，你的反应速度一慢，就被别人或者这个不好的事情给抓住了、砸中了，被这个坏的机会给逮住了，想逃也逃不掉。是不是有时候就会有这样的一些事情发生呢？那么，你们听完我讲的这番话以后，都有什么感受呢？

学生 1：我觉得在做事的时候应该抓住机会，不要让机会逃走。

老师：是的，就是这样的。同学们请坐下，刚才的活动给了我们一点小的启示，现在请大家看一下屏幕，我们今天课程的主题是“舞动生命的翅膀”，这是一堂生涯规划课。我们刚才说当你的右手去抓那根食指时就好比是我们遇到了生命中好的机会，那我们要如何去把握、创造和规划呢？这是我们今天这堂课中要探讨的。当我们的食指在遇到上面手掌的抓捕时，也就是说当我们遇到想要改变或者逃避的情况时，有的时候通过自己的快速的反应，是能够规避掉这些风险的，但有的时候是逃不掉的。那我们在这种情况下，又该如何去规划自己的人生道路呢？这就是我们今天要探讨的核心内容。现在请大家看大屏幕，上面的这句话，就是本堂课中希望大家要遵守和完成的要求，

师生之间订立课堂的契约，增加了课堂的仪式感，也增加了学生们对课堂的重视程度。

请大家认真地、大声地齐声朗读一遍，全情投入……预备……读！

学生们：全情投入，积极参与，彼此尊重，认真倾听，分享快乐。谁参与多，谁收获大。

老师：大家非常棒。齐声朗读这个要求，就有一种在庄严宣誓一样的感觉，那么大家这么认真地读了之后，老师视为大家已经能够做到这句话中的要求了。大家看一下大屏幕，大家今年是高一的学生，请回顾一下自己曾经面临过的重大选择，比如说，填报中考志愿的时候，你们想一想当初自己在做这个决策的时候，曾经考虑了哪些方面的因素？大屏幕上面显示的就是这个中考填报志愿的表格，以老师自己的例子来说，时隔多年了，我依然记得自己填报中考志愿时候的情景，当时我考虑了很多因素，比如说，我的兴趣、能力、成绩和理想，我以后想考哪所大学，我希望自己将来能有什么样的发展，这些因素很多，加起来也很复杂。那么同学们当初在填报志愿的时候，考虑过哪些方面的因素呢？关于自我这方面的因素，你们是不是有考虑过？然后第二个方面的因素就是他人的影响，比如说，家人和老师对自己的期待。最后的第三个因素就是社会的竞争，如果我的成绩比较好，那么就可以报考这里最好的高中来发展自己；如果我的成绩是中等或者是中等偏下的，那么，我要怎么选择更好的机会来发展自己呢？我将来如何面对社会的挑战与压力呢？我又如何去取得更好的事业和成功呢？我当时就考虑了这样 3 个方面的因素。那么，亲爱的同学们，你们现在有后悔过以前的选择吗？这位同学，我问一下你，你后悔过你以前的选择吗？

学生 1：后悔过。

老师：曾经有做过让你现在后悔的选择是吧？你还记得是哪件事情吗？

学生 1：遇到过一些比较困难的时候，我那时候感觉很绝望。

老师：这位同学说他曾经遇到过一些困难，他当时做出了错误的选择，直到现在都有些后悔和内疚。虽然当时的那种困难，或许还不是像中考那么重要的选择，但是有时候在一些琐事的选择上，也会在一定程度上影响人生道路的走向。话又说回来，并不是说当我们为之前的决定感到后悔之后，以后就不会有很好的发展，这也是不一定的，如果好好地经营，很可能会出现另外一种精彩和成功。

但是，在你们做决策之前，有哪些因素是

没有考虑到的呢？大家可以回想一下，从记事起到现在的这十几年间，你在以前的抉择中，无论是大事还是小事，有做过一直到现在都还在后悔的决定吗？哪位同学有，可以举手示意我。

学生2：有过，可能在跟家人或者朋友相处的时候，有时候在情绪激动的当口，会口不择言地说一些让人伤心的话，然后事后又很悔恨自己的鲁莽，责怪自己没有照顾到别人的心情。

老师：也就是说，你曾经口不择言地说过一些让别人伤心的话，这让你现在都感到后悔，是不是？这是因为你在说话之前没有三思，没有考虑到别人的感受。

我们继续看看第二个问题，之前做的一些不太对的抉择，对你们现在的生活有哪些影响？如果可以做不同的选择，你现在会是一个什么样的生活状态？大家可以具体说一说事例，比如说，你现在到这所高中来了，如果时间倒退到中考前，其实你还可能会有其他的选择，可能就不在这里读书了，就会去其他地方上学。大家都要想一想这个问题，想好之后做如实的回答。

恰当的体验式的导入，紧接着切题的提问，将学生们带入思考的状态中。

学生3：我觉得那些决定可能对我的学习方面是有影响的。

老师：有什么样的影响？

学生 3：让我以后的学习能有更好的方法。

老师：我理解了这位同学表达的意思，他说的意思应该是来到现在的这所学校进行学习是比较好的，这所学校的师资、氛围和设备会对他有更好的帮助，这就是之前的一些决定对我们现在生活的影响。我看到这位同学也想来说一说，你来说一说之前的一些抉择对你现在的学习和生活有哪些影响。

学生 3：能够让我更好地学习，之后能考上一所好的大学，大学毕业之后就能更加容易地找到一份好一些的工作，以后生活也会过得更好。

老师：大家看看，这位同学是不是已经给自己画了一幅很好的规划图了？考上一所比较心仪的大学，再找一份满意的工作，然后就会有一个很好的生活。接下来还有哪位同学想要分享自己的想法？这位同学，你来谈一谈。

学生 4：和前面的几个同学一样，考上好的大学，然后找一份与自己的期待相符合的工作，之后再找到生命中的另一半，过上平淡而又幸福的日子，慢慢地和这个人相伴终老。

老师：真的是非常浪漫了，这位同学在分享的时候，这中间更具体地提到了，就是步入社会且工作稳定之后，找一位心仪的男孩子，然后组成一个幸福美满的家庭。这些关于人生家庭的规划也是可以分享的，其实也没什么害羞的，最终我们每个人都会有属于自己的另一半，更会有自己的孩子，大家说对不对？非常好，大家把掌声送给这位真诚、勇敢的女同学。

学生分享时，教师要引导学生真诚地表达自己的感受，不对学生分享的内容做定性的评价，多鼓励更多的学生主动分享。

那么我们接着继续下面的环节，我先发给大家一些 A4 纸，大家都有秩序地传递一下，每个人拿一张就行。大家在拿到这些纸的时候，能看到这些纸都是完全空白的，现在大家把纸都均匀地撕成 6 张小纸条，每张小纸条上都写下影响你实现人生规划的各种因素。现在大家需要写字的笔，班长去把那里的笔拿过来，每个人一支彩笔，快速传一下，现在我给你们 1 分钟的时间，你们要在撕好的这 6 张小纸条上写好影响自己人生规划的因素。你们在这 6 张小纸条上，每张纸条写一个影响你的因素，这个影响因素不一定是要斟酌很久的那种，凡是你现在脑子里想到的，不要管它是对还是错，会实现还是不会实现，会出现还是不会出现，都不用管它，回想一下这几年给你带来的一些积极或者是消极的影响因素，你们只需把脑子里出现的第一个念头写下来就可以了。积极的影响因素中，比如，你得到了一个被人资助去国外参加交换生学习的机会，比

在对学生们的表达做一些回应的时候，教师可以使用一些技巧，如共情、观点采摘等。

如，你忽然间中了1000万元的彩票，比如，你遇到了你生命中难以忘怀的贵人。但是，消极的影响因素也可能会有，比如说，生了一场病，比如说，家里有什么变故，也比如说，自己预设的理想职业的发展前景不明朗。大家要记得是1分钟的时间，现在倒计时开始！……好的，时间到！这位同学写好了，我来帮你分享一下好不好？还是你自己来分享？来，你自己来分享一下吧！

学生5：父母对我的期望挺大的，我怕自己考不上大学会让他们失望。

老师：第一个影响因素就是父母的期望落空了，也就是说你有可能达不到既定的目标，那么你的第二个影响因素是什么？

学生5：我理科成绩不是很好，选文科又比较犹豫，因为文科的发展道路比较窄，我担心以后没办法找到待遇好的工作。

老师：就是担心将来的就业形势不好是吧？好，那么你的第三个影响因素是什么？

学生5：第三个影响因素就是填志愿的时候，我把志愿改了。

老师：第三个影响因素，你可能想到的就是当时转念一想，把自己的志愿给改了，那么你的第四个影响因素是什么？

学生 5：就是自己会有喜欢的人。

老师：男朋友？

学生 5：还不是，现在没有，以后会有。

老师：接下来，我们看一看这第五个影响因素。

学生 5：第五个影响因素，就是以自己的成绩，似乎没有办法考上自己理想的大学。

老师：第六个影响因素呢？

学生 5：第六个影响因素就是，有人喜欢我。

老师：第六个影响因素，她说是有人喜欢她，肯定是有个男孩子喜欢她。6 个影响因素分享完毕，你请坐，很有勇气，大家掌声鼓励她。我给大家的时间是非常有限的，大家之后也可以自己私下仔细地再考虑考虑，因为你今后肯定会遇到这样的因素或者那样的因素在一些事情上面影响着你。好的，我看到这位同学写好了影响自己的因素，那么请问你写了多少个影响因素？

学生 6：写了 5 个。

老师：好，第一个影响因素是什么？

学生 6：第一个写的是中了 1000 万元的彩票。

老师：中了 1000 万元的彩票，这是第一个可能。第二个影响因素是什么？

学生 6：害怕自己考不上理想的大学。

老师：害怕自己考不上理想的大学。第三个影响因素是什么？

学生 6：担心自己想从事的行业，到时候就业形势不理想。

老师：第四个影响因素呢？

学生 6：可能我会生很严重的病。

老师：第五个影响因素呢？

学生 6：希望我能得到赴国外大学成为交换生的机会。

老师：太好了，大家掌声鼓励他，特别棒。好的，当我们在进行人生的职业规划的过程中，肯定会遇到一些非常如意的，让自己感觉很好的，有可能就像是天上掉馅饼这样的惊喜，但有时候也会偏离自己原订的计划，那么这个时候我们应该怎么办呢？

来看一下下面的环节，老师给大家介绍一下屏幕上显示的内容——生涯规划蝴蝶模型。首先，我们来看看这个模型的整体概况，屏幕上显示为绿色的地方是计划圈，右边是机会圈，这两个圈组合起来的图案，整体上看着像蝴蝶的两个翅膀，所以称为生涯规划蝴蝶模型。那么，现在我们来看看左边的计划圈，这是一条

前面的影响因素探讨，是为后面的这个生涯规划蝴蝶模型做的铺垫，水到渠成。

人的生涯路线，首先，他想成为一名医生，这是他职业生涯的起点，我们再来看看他之后的计划是什么，他想要进医科大学学习专业的医学知识。我们先暂时把这个人的职业生涯规划捋顺：他首先想成为一名医生，然后计划进入医科大学学习，接着从医科大学毕业之后，他就会去医院实习工作，然后成为一名医生，再经过几年的实践工作和苦心钻研，最后成为一位医术精湛、受人尊重的医学专家。

以名人的大起大落的奋斗史，展现了影响因素对人们职业规划的影响。

这是这位同学的生涯规划，我看到有的同学也做好计划了，首先是想考上一所理想的大学，然后找到一个很喜欢她的男朋友，然后组成一个非常美满的家庭，最后就可以过上幸福快乐的生活，这便是她的生涯规划。

我们回头继续看大屏幕上面的生涯规划蝴蝶模型，这里出现了一件计划之外的事情，大家看生涯规划到这里的时候，他在医科大学学习期间，因为一次偶然机会到日本留学，日本教授在课间随意播放了一个电影片段，画面中播放的是中国人被日本军队捉住并杀头的场景，当时有一群国人围观看热闹，他当场深受刺激。

那他为何想成为一名医生呢？因为之前他父亲生病，最后倾家荡产也没有挽回他父亲的教师在给学生们列举生涯规划的范例时，尽量举一些耳熟能详的、家喻户晓的实例，用通俗的语言得到学生的理解和认同。

生命，所以他想学医来拯救天下百姓，拯救那些像他父亲一样身患绝症的人，随着医学科技的进步，或许那些像他父亲一样身患绝症的人也还会有机会被治愈而活下来。

但是他恰恰看到日本教授播放的这个画面，这让他深受刺激，他忽然觉得，其实医生医治人的身体，并不能够从根本上拯救中国人，只有从精神上鼓励和警醒他们，才能让他们觉醒。想通了这一点，他便开始弃医从文，进行文学艺术的创作、翻译外国文学，等等。他改变了原先的职业规划，他的生涯走向由医学偏向了文学，于是他筹办了文学杂志，针砭时弊，从事文学活动，写出了很多的散文集和小说杂文，然后他回国为民众呐喊。到这里，他成为一位抨击封建社会制度、以精神作为武器的英雄。

模型加上理论的解说，不是那么地通俗易懂，需要教师控场，将学生们的注意力保持在较高的水平上。

大家看这个用虚线框出来的部分，就是机会中的变化，而这个黑色实线标出来的地方就是原来的计划，但是后来他受了刺激产生了变化，所以就弃医从文了。大家想一想，我们现在说的这个人，大家应该都知道他是谁吧。

学生们：鲁迅。

老师：对，这个人就是鲁迅。鲁迅先生在

的生涯规划中遇到了一些意外的刺激因素，进而通过深思熟虑，其原定从医的生涯轨迹产生了变化，做出了弃医从文的决定。而在最后，也让我们看到鲁迅先生的这个决定，而且这个更改之后的决定，只要是与当事人的价值取向和能力相匹配的好的决定，应该都是越来越与自我实现相契合的决定。那么，我们也是一样的，当我们规划好的职业不能实现的时候，就有可能出现另外一种规划，一种与自己更加契合的规划，所以当下遇到的挑战和意外，也可能会是一种机会。鲁迅先生是改变了自己的志向，进而改变了之前设定的前程之路。还有的人会做出另外的选择，在生涯规划的动态变化中，当遇到一些挑战和意外的刺激，经过权衡之后，决定朝着之前既定的目标去努力，不改变当初的理想和追求，最终通过自己锲而不舍的努力实现了目标。

我们继续下面的讨论环节，我想给大家介绍一下这个生涯规划蝴蝶模型，它之所以叫作蝴蝶模型，其中的原因之一是线条的形状很像蝴蝶；还有一个原因就在于蝴蝶效应所包含的寓意。蝴蝶效应是美国得克萨斯州一个名叫爱德华·洛伦兹的气象学家提出来的一个概念。有一只蝴蝶在热带雨林中轻轻扇动了一下翅膀，然后对周围的空气、植被、动物等产生了直接或者间接的影响，影响涉及的层面和对象越来越高级与广泛，最后可能在两周之后，就会引起美国得克萨斯州的一场龙卷风。后来的人将蝴蝶效应应用于生活的方方面面。这个蝴蝶效应概括起来，说的就是不起眼的一个变化或者小动作，会影响和波及周围的一些事物，发展到最后，可能会引起一连串的巨大变化和反应。

对蝴蝶模型的作用进行详细的讲解。

将这个蝴蝶效应迁移一下，用于分析我们的职业生涯规划中的现象和因果，捕捉从前生活的蛛丝马迹。同样的道理，在我们的生活中，有时候一些毫不起眼的小细节，就像是一只蝴蝶的翅膀的微小扇动，可能是我们生活中所注重的细节，也可能是我们所忽视的方面，但是它可能最后会引起我们人生轨迹的变化。所以有时候，一些不确定的因素就像蝴蝶扇动翅膀最终会引起一场风暴一样，我们的一些小细节或者小习惯到最后会影响我们内心的人格构建或者今后的职业规划。那么怎样把这些不确定的、不起眼的各种因素放在意识层面进行思量呢？所以，用这种生涯规划蝴蝶模型来作为生涯规划的一个思考辅助的手段，也是有它的积极作用的。

好的，现在我们一起再看看这个生涯规划蝴蝶模型。这边是计划圈，指的就是那些极有可能发生的事情，对在座的各位同学来说，现在在这所学校努力读书，高考之后你们会考上大学，然后选择医学方面的、社会科学方面的或者理工科方面的不同专业，这是按照你们设定的计划去走的，也是在极大限度上都能实现的计划。除此之外，还会有一些非计划的因素，比如说，刚才我让大家写的6张小纸条上的那些让你们感到意外的因素，有可能是好事，也有可能是意想不到的坏事。

遇到一些突发事件之后，人们对于先前的生涯规划的计划，会做出一定程度的调整或者改变。有的人是彻底推翻了之前的规划，做出新的、更适合当下能力和心态的决定；还有的人还是坚持之前的规划，只不过在方法和心态上进行了优化，以更强大的姿态去实现自己的梦想。改变之前的规划，我刚才举了鲁迅先生弃医从文的例子，那么我再举一个没有变化生涯规划的例子。阿根廷国宝级的足球运动员梅西，绰号“小跳蚤”，被认为是世界足坛史上的最佳球员之一。他5岁的时候就开始踢足球，父亲是

梅西的这个例子，能让学生们产生强烈的内心共鸣。

一位足球教练，在父亲的影响下，他非常喜欢足球，从小就在街区少年队中踢球，父亲作为他的教练，对他进行了一些专业的训练，那时候他就立志要去参加各种足球比赛，长大之后要成为一名有影响力的职业球员。这是他小时候的理想和计划，他的父亲也是给他设定了这样的目标，他自己也是相当地憧憬和自信。然而不久之后，命运就跟他开了一个大大的玩笑，11岁的小梅西被诊断出患有发育荷尔蒙缺乏症，也就是垂体性侏儒症，这会阻碍他的骨骼生长，他13岁的时候身高才140厘米，如果不进行科学的长期治疗和训练，他这辈子的身高也就只能是140厘米了，这等于是在梅西的足球梦上提前画了一个句号。梅西怀揣着如此远大的理想，这种现实他怎么忍受得了呢？如果是你们，在遇到这种晴天霹雳般的遭遇时，你们会怎么应对呢？我想到的是，应该大多数人到这里就算是不会放弃治疗，也极有可能会放弃梦想。

我们来看看小梅西是怎么面对厄运的。命运给了他一个非常沉重的打击，但即使是面对这样的遭遇，他还是想继续完成自己的目标，成为一名职业足球运动员。由于治疗和训练的高额费用让家庭无法负担，于是小梅西开始用惊人的实力表现，征服了西班牙的一个足球俱乐部的负责人，俱乐部资助梅西接受昂贵的治疗，对他进行了严格而科学的训练。大家看大屏幕，绿色的也就是虚线标注的地方，指的就是机会，小梅西在夹缝中抓住了机会，也生存了下来，直面这个非计划之中的厄运。经过长期的坚持和努力，梅西最后看到了明显的治疗效果，他惊喜地发现自己身高达到了 170 厘米，虽然这个身高在足球运动员里面不算高，但是也在正常范围内了，对从小患病的梅西来说，他已经很满足了。最后他凭着天赋和惊人的努力，在足球的赛场上一次次地创造了奇迹，谱写了“梅西神话”！可是，如果他在发现自己身患侏儒症的时候，就放弃了自己的梦想，去走其他的人生道路，那么他可能就不会有这么大的成就，足球界的“梅西神话”也就不会出现，梅西的人生将会被改写。大家看看梅西的奋斗历程，充满了辛酸和汗水，还有可能充满了血和泪，但无论是在命运宣判他的足球生涯即将终止的时候，还是他在穷途末路仍然用实力去赢得机会的时候，他一直都在坚持着自己内心最渴望的那个目标，坚持最初的那个理想。用许三多的话来讲，就是“不抛弃，不放弃”。小梅西克服了一切困难，在提建议时，教师要对学生说明，这些方面是结合心理学专家的分析研究和前人的经验而提出的，每个人的个性不同，遇到的情况也许会不同，每个人的感受也有可能不一样，这些建议只能做个参考。

通过后天的、非常人难以承受的训练，去弥补了自己先天的不足，最后完成了自己的梦想，站上了足球界的顶端。

他的故事对我们来说，也是一种鼓舞。我们在自己的生涯规划中，如果也能够像梅西一样，坚持自己的理想，不放弃、不妥协，那么，我们是不是也有可能会像梅西一样获得自己的成功？不忘初心，方得始终，你这个时候所做的努力，终有一天会回报给自己。那么，我想问问同学们，这堂课进行到这里，你们有什么感想？大家可以举手示意，然后站起来说一下。

学生 7：在面对意外事件的时候，如果不是对我们的生涯规划有方向性的影响，我们就应该继续保持自己原来的计划，并且在方法上做更进一步的改良，多培养自己的能力。

老师：非常好，这位同学请坐，大家给他掌声鼓励。他表达的意思是，如果遇到意外的情况，他会尽量坚持自己先前的理想和追求。我们来看一下鲁迅和梅西这两位名人，他们当中，一位是彻底改变了自己先前的理想和计划，一位是没有做方向上的改变，最终这两位都取得了事业上的巨大成功。

从这个角度就可以看出，我们在遇到一些

特殊性事件和刺激性事件的时候，没有硬性规定说必须坚持之前的规划，或者必须推翻之前的决定，没有将大家的反应和决定程序化，也不会对大家在刺激性事件之后所做出的决定做好或者坏的评价。每一种选择都没有错误，都没有好坏之分，大家只要追随自己的内心即可，只要是积极方面的生涯规划，自己愿意为自己所做的决定负责任就可以了。

接下来，大家从自己刚才写的这6张小纸条中，随机抽出1张来，就抽出来的1张做一些分享和阐述。好的，这位同学举手了，我来问一下你抽到的是哪一张？

及时变化交流对象，形成以面带点的动力场。

学生8：我抽的是车祸。

老师：车祸有大有小，也不一定是危及生命的危机事件。好的，旁边的这位同学，你抽到的是什么？

学生9：生活习惯。

老师：这个生活习惯的因素怎么影响到你了？

学生9：生活习惯可能有好有坏，我这里写的是生活习惯不好。

老师：这位同学抽到的是不好的生活习惯，从而影响了他的抉择。那么，这位同学，你抽的纸条上写的影响因素是什么?

学生 10：身边的朋友或点头之交都认为我的梦想是妄想，是无法实现的。

老师：就是说朋友的不信任对你的影响。那么这边这位同学呢？让我听一听你写了什么影响因素。

学生 11：可能会考上理想的大学，但也许会实现不了。

老师：你表达的意思是，你有可能会考上自己理想的大学，也有可能会考不上。好的，那么接下来我看一看还有谁想分享一下。这位同学你举手了，来说一下你抽到的是什么。

学生 12：找到一个理解我的朋友。

老师：找到一个喜欢的男朋友吗?

学生 12：不是，是朋友，像知己的那种。

老师：知己朋友，这个也是很好的，只要懂你，听你倾诉，陪伴你，那么你们就可以成为很好的知己朋友。还有没有谁要分享一下自己抽到的影响因素?

学生 13：我抽到的是父母的身体状况。

老师：父母的身体状况可能会出现一些问题，这个影响因素也是存在的。随着年龄的增长，大家的父母多多少少身体上都会有一些小毛病的，我们在生活中可以对他们进行积极关注，让他们做好常规的体检，日常注意保养和饮食，就可以了，你也不要太担心。下一位同学，谁想说一说？

学生 14：缺钱。

老师：缺钱，这是一个比较现实的影响因素，缺钱可能会影响上学的机会或者生活的水平。那么，旁边的这位同学，你抽到的是什么？

学生 15：自己可能生了很严重的病。

老师：自己生了很严重的病，这也是一个比较大的、能对我们的生活造成很大影响的因素，也很有可能会出现在我们的生活中，当然，老师希望大家都不要遇到这样的事情，如果万一遇到，也希望大家都能很快地康复起来。接下来的同学讲一讲吧！

学生 16：心态。

老师：你的心态怎么了？

学生 16：有时候会有点心情不好，然后就联想到很多事情，就会感觉有点颓废，学习的兴趣和效率也就会降低。

老师：也就是说，这位同学，你有时候会心理压力过大，然后需要自己慢慢地去调节。大家如果有心态不好的时候，可以听歌、看书、

及时对学生的负面反馈进行正向引导。

画画、跑步或者找朋友倾诉，这些都是可以调节情绪和缓解压力的方法。下一位同学来讲一讲。

学生 17：我爸爸最近身体不太好，希望他能好起来。

老师：你跟之前的那位同学一样，也是抽到了自己的父母身体方面的影响因素。那么这位同学，你的影响因素呢?

学生 18：我的成绩不够好。

老师：你抽到的是成绩不够好，那么右边的这位同学，你的呢?

学生 19：希望自己能够更加善于表现自己。

老师：是的，这个想法很好，积极主动会让你获得更多的表现机会，来，你来说一说。

学生 20：我抽到的是自身因素。

老师：什么样的自身因素?

学生 20：很多。

老师：选一个你的自身因素具体谈一谈。

学生 20：希望自己在困难来临的时候，能够积极应对。

老师：那么你遇到过的其中一个困难是什么?

学生 20：改掉自己懒惰的毛病。

老师：很好，这样自制力会变强。下一位同学，你抽到的影响因素是什么？

学生 21：沉迷小说无法自拔。

老师：这位女同学她遇到了一个影响因素，就是沉迷小说无法自拔，有时候还会不想学习，甚至到了废寝忘食的程度，课上课余也总看小说，这种现象也有点像是男生沉迷游戏中的样子，这种对小说或者游戏的沉迷肯定会影响自己在学习上投入的精力，所以大家还是要合理安排自己的兴趣爱好，不要过度沉迷其中，不然可能会影响自己的前程。下一位分享的同学来说一说吧。

学生 22：我抽到的是自己成绩下降这个影响因素。

老师：这位同学抽到的是成绩下降这个影响因素。那么这位同学，你抽到的影响因素呢？

学生 23：我抽到的是中 1000 万元的彩票。

老师：那么旁边的这位同学，你呢？

学生 24：以后在考上大学时选择什么专业，让我感到烦恼。

老师：他是对报考的专业表示难以抉择。大家在这个环节中都很投入，都列出了一些影响自己生涯规划的因素，无论这些影响因素是好的还是不好的，我们都要勇敢地去面对它，好的影响因素有助于我们实现自己的目标，坏的影响因素可能会影响甚至阻挠我们实现目标，但是也不一定说遇到坏的影响因素之后，我们就实现不了目标了。人生不可能永远都一帆风顺，总会有遇到磨难的时候，重要的就是我们面对这些负面影响因素时，有没有自我调整的能力和觉悟，是坚持初心还是另定目标，都要经过慎重考虑，只要是积极向上的规划，就都是好的，都是值得鼓励的。

在对学生的分享进行反馈的过程中，要投入真诚的情感和足够的尊重。

前面我们讲述了名人的奋斗史，也讨论了大家自己察觉到的已经存在或者以后会遇到的一些影响自己生涯规划的因素，那么现在，我们来画一下自己的生涯规划蝴蝶模型，就按照你们刚才抽出来的纸条上显示的这个影响因素来画蝴蝶模型，也不需要更换这个影响因素，有的人可能刚才抽出来的纸条上写的是负面影响因素，心里会下意识地想将这个负面影响因素更换成正面影响因素，其实用不着更换，直接根据你们手里的这个影响因素画蝴蝶模型。这张蝴蝶模型的图案我已经帮大家做好了，这个与刚才大屏幕上显示的鲁迅和梅西的生涯规划蝴蝶模型的框架是一样的，都是蝴蝶的形状。现在大家要做的就是，先在蝴蝶模型旁边写上

学生们在讨论时，教师巡视和观察，还要注意各组的动力走向。

自己的名字，然后在实现框的计划圈里写上自己的计划，大家不要看别人的，因为每个人的计划都是不一样的，也没必要去参考别人的计划，你们就埋头写自己的就行。紧接着，把你们抽到的那张纸条上的影响因素写到中间的虚线框内。有的同学抽到的影响因素是出现了不好的变故，可能是父母没有钱供自己读书，然后辍学外出打工，那么最后的结局是什么？

学生 25：赚了很多的钱。

老师：然后呢？

学生 25：然后过上了好日子。

老师：那最后呢？

学生 25：最后当然是安度此生。

老师：我理解了。可以想象，早年就辍学出来打工的日子，肯定是日夜辛苦，但是会努力地撑下来，也可能还会遇到一些其他的转机，你的人生不会总是没有钱的，很可能通过自己的创业而赚到了可以让生活过得很舒心的、足够的钱，或者遇到一帮相知的朋友，或者会遇到相伴一生的另一半。当遇到挫折时能够勇于面对，生活里总会出现好的转机。

接下来，我们进入讨论环节，大家都把写出来的自己的生涯规划蝴蝶模型跟左右的同学交流一下。聊一聊你们是怎么写的，写出来的计划是什么？有的同学可能是计划当一名律师；有的同学是计划进入大学；还有的同学写的影响因素是心理出现了不健康的状况，对自己的未来充满了迷茫；还有的同学写的影响因素是逃不出内心负面因素建造的牢笼，最后屈服于现实的状态，磨灭了理想。

现在的你，如果在未来想要达到理想中的状态，你的身上还欠缺些什么？如果不做出一些改变，这些缺陷就会成为你前进道路上的障碍，阻碍你成为理想中的自己。

刚才匆匆扫了几眼大家写的蝴蝶模型，颇有感慨。这个时候，老师想跟大家讨论一下，假如说你感到自己陷入了心理不健康的状态之中，那么你将如何应对这种情况？想要去如何规划自己，难道自己总是逃不出来吗？会不会当你采取了一些行动之后，心态或者自己内心的适应状态会出现一些转机，然后就可以进一步规划接下来的路该怎么走？没有谁能够对任何一个人的人生做出最后的定论，无论你们现在处于什么样的人生阶段，今后的路上，总会遇到机遇和挑战，也可能会遇到风雨和挫折，我们要做的就是想尽办法往前走，鼓足勇气，用力拼搏！

教师要与学生讨论为了成为未来理想中的自己，他们打算如何具体做出调整与改变。

刚才大家都已经跟自己的同伴互相交流过了，下面我想邀请两位同学来分享一下，这位同学，请站起来分享一下你的计划。

学生 26：我的计划是当一名教师。现在的我就要刻苦学习，努力考上师范大学，然后在离父母最近的一所学校里教书育人，传道、授业、解惑。

老师：那么你在虚线框中写的遇到的意外或机会是什么？

学生 26：我写的意外事件或者机会事件是——我所在的家族中缺少医生，然后家人生病的越来越多，于是我决定将自己的职业规划改成当一名医生。所以我在报考大学的时候，会首先填报医学院的专业，进入医科大学学习，毕业后进入医院成为实习医生，然后继续努力钻研医学知识，增长自己的专业和技能，历练成为一名正式医生，继续在一个领域里面潜心研究，最后成为一名专家。

老师：好的，这位同学遇到了一些刺激性因素的影响，从而改变了自己的志向，放弃了当一名教师的理想，转为立志当一名优秀的医生，他会在医学的领域中认真学习、持续努力和不断实践，最后成了一名医学专家。非常棒，大家掌声鼓励他，你请坐。还有哪位同学要跟大家分享一下？我看到这位同学，他写的意外事件是他出了车祸，我们来看一看他是怎么安排的。

学生27：一开始，我的学习一般，心想着只要达到心仪大学的分数线就行了，就想着考上普通的医科大学，然后在学校里面经过几年的学习，最后成为一名普通的医生，就这样庸庸碌碌地度过一生也未尝不是一个好的选择。但是不幸的是，我出了车祸，但没死，经过休养和磨砺，我发现生命的宝贵，不想浑浑噩噩地浪费光阴，康复之后，我非但没有放弃目标，反而更加努力地学习，也更加用心地调养身体，然后用加倍的努力去抚平内心的创伤。经过长时间的努力，我变得更加优秀，尤其是专业方面的能力得到了长足的发展与进步，最后成为一名德高望重、妙手回春的名医。

老师：说得太棒了，大家掌声鼓励他。这位同学虽然在实现理想的半路中出现了意外事件，但他非常地坚定，更加努力地成为一名非常出色的医生，特别棒！那么各位同学，大家看一看手中自己的生涯规划蝴蝶模型。我们刚才是从6张小纸条中抽选出了一个影响因素，这个影响因素可能会对自己的人生产生很大的影响，那么还有一些别的影响因素，可能会出现在我们1年、3年、5年或者是10年之后的人生之中，那个时候我们的生涯规划或许还会改变，所以说我们的一生都是在动态变化之中前进的。

现在请大家看大屏幕，屏幕上显示的是一个真实的案例。这个人原定的职业规划是想成为一名资深的工程师，但是在考大学之前的节骨眼上，因为家里有人生病，在高考填报志愿的时候他更改了大学要学习的专业，将工程方面的专业改为医学专业，在大学攻读医学学士的过程中，他还辅修了心理学的专业，毕业的时候拿到了双学位，进入社会后便注册成为一名心理医生。他原本的计划是想当工程师，后来修改并完成了的计划是成为一名心理医生。

这是一个真实的、发生在我本人身上的事件，从我的蝴蝶模型中，能看出来我的思维一直都是很清晰明了的。当然，这也不是说我今后就没有任何的变化了，在今后的生活中，有可能我还会遇到一些其他的机遇与挑战，那个时候，说不定我会根据自己的情况再次做出生涯规划的改变。

每个人的人生道路的选择，都是没有对错与好坏之分的，我们只有做到知己知彼、心中有数，才能够找到自己心中的那一座灯塔，才能够真正地明白自己想要什么，就算是中途改变教师的自我开放，能让学生们感受到真诚与尊重，也能在情绪和情感上感染学生，给他们树立榜样。

了目标，调整了人生的航向，但只要心中有灯塔，内心通透，拿得起放得下，就可以做出对自己发展有利的决定。比如，因为经济条件不允许而辍学的人，可能后来在社会上摸爬滚打多年，最后闯出了一番事业；比如说，有的人遇到了车祸，在灾难过后领悟了人生，从此奋发图强，将自己最终打造成了行业内的一根标杆。所以，在遇到挫折后，我们要接纳它，还要积极地调整自己，以正确的方式去避免或减少消极的后果。

最后，在课堂结束之前，我们来一起看看这段话。这是对我们生涯规划方式和心态的一些总结：第一，人的生涯发展并非是线性的，有时候受到一些因素的影响，生涯的发展轨道偏离既定的路线是常态，所以要定期或不定期地对生涯规划进行调整。第二，探索不同角色后面人生的发展脉络，善于抓住生活中可能出现的机遇和挑战，就能够获得更多的信息。第三，如果自己的心态调整好了，那么一切都是最好的安排，无论是处于顺境，还是处于逆境，你都要保持一颗积极向上的心。

尤其这最后的第三点，请大家一起读一遍。

学生们：如果自己的心态调整好了，那么

一切都是最好的安排，无论是处于顺境，还是处于逆境，你都要保持一颗积极向上的心。

齐读总结，要求学生们声音洪亮、能量满满。

老师：“无论是处于顺境，还是处于逆境”这一小句，请大家再次齐声朗读一遍，声音再大一点，预备……读！

在齐读的过程中，也是对他们价值观的一种正能量的影响。

学生们：无论是处于顺境，还是处于逆境，你都要保持一颗积极向上的心。

老师：请把“你”改成“我”再读一遍，无论……齐读！

学生们：无论是处于顺境，还是处于逆境，我都要保持一颗积极向上的心。

老师：声音再大一点，无论……齐读！

学生们：无论是处于顺境，还是处于逆境，我都要保持一颗积极向上的心。

老师：非常棒！现在请同学们站起来。今天的课程主要是给大家一些启发，同时，希望大家能学会使用蝴蝶模型这个工具，那么我们以后感到迷惑的时候，就可以用这个蝴蝶模型缕清自己的思路。现在老师想问问同学们，通过今天这一堂课，你们有没有学到什么？

学生 8：不放弃，不抛弃。

老师：非常好，大家掌声鼓励他。那么这位同学，你学到了什么？

学生 25：无论是处于顺境，还是处于逆境，我都要保持一颗积极向上的心。

老师：他深深地记住了最后这句话——无论是处于顺境，还是处于逆境，我都要保持一颗积极向上的心。非常棒！今天的课我们就学到这里了，非常感谢高一（8）班和高一（9）班的同学的投入与参与，谢谢同学们，再见。

学生们：老师再见。

课后督导

（一）不足与优化建议

1. 讲解的功能

接下来，我们来探讨一下上面课堂中的讲解方面。观察发现，教师无论是在带领技术的过程中，还是在带领整个课堂的过程中，其讲解的方面都还有提升的空间。在带领技术的时候，教师有一个讲解方面的细节问题需要改进，也就是在体验之前和体验之中的环节里，不要讲解这些关键性的知识。体验、讲解和分享都是围绕着教育目标进行的，各个环节中涉及的知识都是教师通晓的，但可以先不告诉同学们，等他们亲身领略到个中的滋味和产生内心的体验之后，再在分享的环节中进行细致的讲解，即不失时机地娓娓道出这些理论知识，这个就是在后面的讲解中需要阐释的。

当然，也有一些东西是需要在前面进行讲解的，前面讲解的就类似于导语、背景铺垫和活动规则，只有这些表达清楚了，同学们才会懂得如何去参与活动。还有一些讲解是临时起意的，多数都具有澄清的作用，比如说，在同学们进行分享的时候，教师通过讲解对主题进行升华，或者在学生们跑偏的时候进行价值或者规则的澄清。当然，这种澄清往往都是在操作的过程中进行必要的干预，以此来纠正动力的发展方向、优化浪费时间的环节和修正偏离的理论与操作内容，然后再对正确的内容进行必要的强化，这其实就是一个及时的干预过程。所有的讲解技术，只要用得恰当、适宜就会有四两拨千斤的效果。讲解的主要功能大概就是上面所述的这些。

在体验课堂中，教师的引导主要是为了推进课堂的进程，那么这里面的引导主要又分为两个方面。一种是侧重于知识理性方面的引导。这种引导主要是向大家讲明接下来的活动内容、规则以及要求；另一种是侧重于情感方面的引导。这种引导的主要作用在于动力推进和体验促进的方面。引导要用在合适的时间节点上，在技术开始前，对必要的背景知识点要进行讲解，接下来与技术有关的规则和流程也是要进行引导或者解说的，这些必要的内容都需要讲清楚，只有这样，后续的衔接和操作才能顺利开展。

上面的体验课中，在出现一些需要及时干预的问题时，教师并没有采取任何的行动，这就显示出教师自身的一些问题，或许是知识储备不够充分，或许是知识运用不够娴熟，又或许是技术的创设不太合适，还或许是对课堂中场的把控能力不足，这些问题都说明了教师的专业性还有待提高的事实。有时候教师的准备不足，就会沉浸在一种紧张的氛围中，其对课堂的把控也就不会那么游刃有余了，就会有细节被忽视或者被遗漏的情况发生。

在生涯规划蝴蝶模型的课堂中，教师关于梅西职业生涯的讲解，对同学们产生了很大的触动，因为那个时刻我明显地看到，当教师讲梅西与病魔进行不屈斗争的时候，所有的同学在那一刻都忘我地投入进去了，都像是感受到了梅西不屈不挠的精神，感受到了不低头于命运噩梦的那份勇敢，还有的同学在若有所思，可能是与自身的经历联系起来了。总之，这个范例给了大家很深刻的内心触动，这就是好课堂的效果，用通俗的话讲就是走心了，否则这堂课就浮于表面了。当课堂只浮于表面的时候，再热闹的活动，用再大的动力去推动进程，都不会产生深入内心的效果。从这个全场投入的现象来看，我们会发现对同学们进行生涯规划教育是很有必要的，因为同学们其实都渴望有这种充满力量的榜样来为自己指明前进的方向，无论是理性层面的，还是感性层面的，他们都需要这种真实的励志事件给予他们力量，可能他们不能完全意识到，但是他们确实是需要的。

2. 鼓励同学们跳出惯性思维圈

教师在带领同学们参与一个新活动的尝试时，需要适合时宜地用语言给予促进和启发，鼓励同学们尽量跳出他们的惯性思维圈，这也是教师们在掌控体验课的进度和效果时的一种引导作用的体现，这种引导也是通过讲解来实现的。这个时候教师应该做一些语言讲解上的促进，以确保在下一阶段中，同学们不会再次陷入过去的惯性思维的认知里面，当然，也不是说过去的就一定是要摒弃的，这里是一种新的思维角度的引导，课堂中设置的练习、讨论和分享等环节，其目的就是要重新改写同学们原来的认知和体验模式。

同学们在遇到一个事件或者事物时的条件反射就是用原来的经验去看待，或者用已经固着的行为模式进行反应。然而我们的体验课堂，就是要让同学们进行重新认知和重新体验。教师在讲解的时候，不用过于含蓄，有时候可以直接表达出自己的观点和方法，学生在理解和接纳这些观点之后，可能就会做出意识上和行动上的改变。另外，这堂课中的生涯规划蝴蝶模型是个好模型，也是种好的技术，生涯规划体验课中可以好好研究和优化这种技术，还可以在此基础上开发出一系列有效又有趣的新技术。

（二）其他思考

1. 真诚的表达

在这几天的课堂中，我们都有意无意地在追求一个真诚的表达，课堂上教师千教万教，实质上最需要保持的就是一种真诚的状态。把这个话题拿出来探讨，就是希望教师们时刻清楚自己的角色定位，切莫为了贪图不真实的教学效果而忽视了同学们真实的成长状况，切莫给同学们施加压力，让他们学会用表面的假象去敷衍教师。

2. 生涯规划教育体系方兴未艾

在前面这几堂课当中，无论是上课的教师和观摩课堂的教师，还是我们后续进行讨论和评课的教师，对这些课堂的称呼，有的叫生涯发展教育，有的叫生涯教育，有的叫生涯规划，有的叫生涯辅导，这许许多多的叫法，其实都反映了目前的生涯规划教育还不成体系的一个现状，现有的学者研究还没有完全地达成一个共识，这样就会出现持有不同理论的研究者和秉承不同技术的应用者，尤其是新课改之后的生涯规划教育，还处在一种方兴未艾的状态。所以从这些五花八门的名称中，我们就可以看到生涯规划教育还有着很大的发展空间和前景。回到这两天的体验课中，从教师的备课角度来看，他们也有这种不知章法的迷茫在里面，没有站在生涯规划教育的系统视角去厘清思路，而是站在学生需要的、能做的和愿意参与的这 3 个角度去设计课程，不是说这 3 个角度不对，而是说仅仅是这样，这个视角还不够全面和完整，这个是需要改进的。当然，造成这种现象的原因之一可能是生涯规划教育的系统还没有完全建立起来；第二个原因可能就是教师自身的学习、探索以及所具备的水平还不太够。

3. 生涯规划体验课须匹配当下的需要

当下的高中生的生涯规划体验课，应该与他们现阶段的学习状态相匹配，如果我们仅仅是为了演示一堂课而进行演示，那么这个背后说明了什么？不仅仅是说明我们在专业知识上的掌握不够娴熟和深入，同时也说明目前生涯规划体验课与当下同学们的需要不相匹配。而且学生在小学、初中、高中甚至是大学阶段，在这几个阶段中，因为心理成长、思维方式以及学业压力和任务等因素的不同影响，其需要的生涯规划的内容、重点和难度也会有所区别，不能太浅显，浅显会导致课堂缺乏指导和启发的效果；也不能太深奥和空泛，这样会造成不切实际的空想，让学生没有行动的价值感。所以这个生涯规划体验课的目标设置也是大有学问的，需要根据同学们的发展特点，拟定符合他们需要的、在最近发展区范围内的课堂目标，合适的目标有它存在的积极意义，这个方面的摸索和优化，对我们来说还有很大的提升空间。

在新高考的背景下，对学生的考验，就在于客观而准确地认知自己，这也恰恰是生涯规划课的重点所在。过去的学生从来不需要去考虑“我是谁”“我今后要从事何种工作”等问题。古时候的读书人都知道自己将来要在科举中考取功名、光宗耀祖。高考刚恢复时，读书人在大学中选择了某个专业，毕业之后便能被分配工作，这时的职业规划也无须过于操心。等到分配工作这个政策被取消之后，人们的从业便带有更多的自主选择性，市场经济也开始对人才的培养起到导向和调节的作用，人们开始将目光放在社会和市场的要求以及自己的擅长与喜好上，再也不是之前的计划就业的模式了。于是，国人学子慢慢地开始重视生涯规划。

古语有言：“父母之爱子，则为之计深远。”父母尚且如此，我们作为子女本人，则更加要对自己今后的发展上心。如果你们跟身边的大学生聊关于他们自己毕业后的规划问题，大部分人都会表示茫然无措，这种现象在社会中很是常见，这也能以小见大地反映出社会上年轻人的就业迷失感。所以，我们需要引导学生在认知社会的经济环境、职业发展环境和社会人文环境等方面的大环境之后，再根据自己的兴趣和能力进行规划。然而这样的方法和思维方式对同学们而言，是一种极大的考验，而这种考验需要通过好的课堂内容和设计促进学生的进步与领悟，于是就转化成了对教师的极大的考验，这也不是仅仅用理论知识和简单沟通就能使教师们马上备好课与上好课的，还涉及意识层面的独立自主思考的问题。现在很多人都在这个知识大爆炸的时代中迷失了，很多人都只会按照网络上的指导去操作，而少了许多自己的辩证思维和批判性的取舍。教师们在备课的时候就是这样的，不独立思考也不自主创新，一些技术和环节也是原样借鉴别人的，当然，我这里说的是一些普遍现象，并不是针对某位教师。所以，在课堂设计上，我们要努力地去攻克这个生涯规划的课堂，争取在各个方面把它做到炉火纯青，做到让同学们获益最大化。

4. 生涯规划教育的实施路径与课程开发

近期有关生涯规划的研究内容和重点有所转变，以前是研究其内涵，现在转向了其实施路径和课程开发的方面。经过对前面几堂课的观摩，我们应该也能对生涯规划教育的实施路径与课程开发有一些想法。

比如说，我们在高中生的课程中应该怎么去实施，这里有几条路径可以选择。第一条路径是真正的生涯规划课堂；第二条路径是班会式，有时候班会也可以以生涯规划为主题来进行；第三条路径就是我们传统的学科教学课堂，有时候在各科的教材之中，特别是语文、政治和历史等科目中会涉及名人传记或者对职业方面的解读等内容，那么这个时候，任课教师就可以把学生的思维延伸到考虑自己将来想要从事何种职业上面来。这就是高中学校中进行生涯规划教育的一些具体的实施路径。

还有关于课程开发的方面，我认为可以着力的方面就在于开发与职业规划有关的校本课程，这个校本课程需要针对本地的特色产业，总结出本地的各大企业的人才要求，或者定期请成功的企业家过来进行演讲，编写职业生涯规划的指导册子，还要对学校所有的教师进行系统化的生涯规划的教育与培训。这样在不断的实践中，根据学生的表现反馈情况和教师们理论知识与实践经验的不断丰富，就能逐步形成一些系统化的生涯规划校本教材。这样的话，生涯规划教育就可以在理论认知和实践操作上都有一席之地，或许在不久的将来还能跻身副科之列，成为同学们必修的科目之一。

5. 生涯规划教育的目标

生涯规划教育的目标是教给学生适应未来社会发展所需要的知识技能与态度，任务是培养学生初步的人生规划能力，以及适应职业变化所需要的核心能力和重要品格。这个是课堂中关于职业规划教育的目标的阐述，教师在开始的时候就把这个展示出来，意在提升同学们对职业规划的重视程度，并且希望大家能在课堂上将自己的态度端正好。

如果站在宏观的角度，这个关于生涯规划教育的目标是很准确的。但是放到某一堂具体的课堂上，上述的这个目标便不够具体化。可能是由于不在一个系统下进行的多主题轮流上课的原因，以单一的主题设计一堂课的话，上面的那种理论化的宏观的目标设定是不够具体的，抽象思维能力差一点的学生，可能还会理解得云里雾里。当我们站在系统的生涯规划的角度去评课时，我们就会更加地客观和公正。而如果我们持有的生涯规划教育就是在课堂的学习之中或者之余，顺便地去发展学生生涯和职业方面的认知，那么这种认知就是狭隘的。

提高学生生涯规划的能力，其中最重要的是要提高其自我管理的能力。上面课堂中有的学生回答说最喜欢做的事情是睡觉，这体现出当下同学们的管理能力还是比较低的，如果我们还是跟着文件走，去呼吁孩子意识到国家发展对他们的要求，以及他们能看到的所拥有的这些发展机会，这些指导建议和大的方向是没有任何问题的，但是现在的学生，学业、人际关系以及心理压力的多重负担，已经让他们感到身心俱疲，所以他们是没有多余的时间和精力去研究国家与社会所创造出的大好的就业环境及机会的。所以这个关于生涯规划的教育，还是要由教师去进行一些专业的推动，进行一些系统化的、多层次的教育，在不同的年级和年龄阶段里慢慢地开展下去。

在常规的课堂中，教师在进行生涯规划相关的教育时，就得从培养学生积极的人生观和价值观开始，还要让他们在不知不觉中树立好成长的长远目标。这一方面在前面的 6 堂生涯规划体验课中都有体现，因为教师不但是在态度的层面，而且是在价值观的层面都有意识地引导同学们进行深入的探讨。甚至包括在前面的小学生的生涯规划课堂中，教师也进行了一些较为深入的引导。对于小学阶段的学生，只要是能针对这个主题做了活动，那就是有效果的，因为在课后的时候，这些同学们就会自主地思考这些关于自己日后职业的选择问题，这就是这堂课最基本的积极影响。而对于中学阶段的学生，生涯规划教育则侧重于他们的初步选择和规划决策的能力，同时也会注意引导他们树立终身发展的意识。当然，这些针对不同年龄或者学龄阶段的学生的一些不同的生涯规划教育目标，我们都可以总结出来，形成每个阶段的一个个具体的目标，最终形成一套系统的生涯规划教育的目标体系，这样在今后的相关工作中就可以有的放矢地根据这些目标去设置课堂的技术和活动。

俗话说："冰冻三尺，非一日之寒。"大家对生涯规划教育的忽视问题由来已久，同学们大部分也从小被培养成"两耳不闻窗外事，一心只读圣贤书"的、生活自理能力和动手操作能力不足的温室花朵，关于职业规划，他们需要去提前思考和操心的也就更少了，如果试图用一堂课去撬动一些根深蒂固的习惯和观念，那是异想天开和过于乐观的想法。所以，在课堂的收尾环节，教师试图将学生的收获以夸大的方式展现出来，让同学们汇报本堂课是否已经规划好自己的职业生涯，有的学生居然信誓旦旦地回答说规划好了，这个回答里面的水分含量很大，要么是学生在敷衍自己，要么是学生在敷衍教师。我们的教师不要太过于焦虑，一堂课认认真真地上完，就算是学生当中有人坦言说自己没有生涯规划方面的具体设想，那也不能代表这堂课不成功，只要是这个课堂能够刺激到同学们去思考了，这就起到了一定的作用。

在推进高中生的生涯规划教育的过程中，我们也需要外部的大环境的支持与推进。具体来说，在政策层面上，我们需要政府完善相关的教育法规制度；在价值层面上，我们需要学校提高对生涯规划教育的重视程度；在操作层面上，我们还需要学校加强专业师资队伍的建设和具体课程的开发。只要这些宏观的方面有所推进和支持，那么在生涯规划的课堂上，教师们便能够在这些大的框架内自由发挥自己的技术，根据同学们的具体情况设置合适的环节。

关于高中生的生涯规划课堂中的环节创意设置的问题，我想到一种效果会很好的操作技术，即让班上的同学们做一个模拟招聘的活动，这个灵感源于今早我无意中看到的一段关于大学生求职招聘现场的视频，让高中特别是高三阶段的同学们提前体会一下职业选择与被选择的情景，这是一个很有意义的创意环节，我认为可以在高年级的生涯规划课堂中大力推广。

我们现在回到探讨课堂上面来。教师在“生涯规划蝴蝶模型”那一课的引导环节中，指导语中表达的是请大家站立、静心、微笑，然后围成圈开始抓手指的活动，当这个活动结束后，教师的讲解表达的意思是我们生命中的机会如何去把握和创造？这就是我们今天课堂上要去探讨的主题。这里的点题非常明确和自然，这是值得我们学习和借鉴的。但是这个导课的环节花费了

10 分钟之久，所以还需要对其进行时间上的优化，最好是将这个环节控制在 5 分钟之内。这个环节的优势在于它的完整度和与课堂目标的契合度，但是节奏不够紧凑，导致这里的时间过于拖沓了，应该要想办法将这个热身的导入环节优化为 3 ～ 4 分钟的小技术，这样就可以比较早地引出主题，为后续的核心环节腾出更多的发挥时间。

6. 生涯规划教育与德育和心育的区别

我们要区分生涯规划教育与德育和心育的不同之处，它既不是德育也不是心育，它是介乎于德育和心育之间的一种教育。因为心育走的是情感路线，德育走的往往是政治思维路线，而生涯规划发展的教育课程走的是介乎于中间的路线。这种路线其实很符合高中生的心理特征，生涯规划的体验课在高中也不难实施。如果完全以情感的路线来推动，同学们会不太适应；而如果是完全以理性知识的角度来讲解，又有些流于常规的学科知识教学的感觉了。生涯规划教育存在一个中间的度，这个度恰好与高中生的心理特征相匹配，既能动之以情，又能晓之以理。生涯规划教育对于同学们到底有没有作用和价值，同学们都会很明显地感受到，其主题的实用性以及技术的体验性，往往也是同学们愿意接受这个发展性课程的原因。

现在的很多学生，在谈论自己学习和生活中不如意的方面时，都会下意识地、承认错误般地说：这是我自己的原因。这样一来，没有做错的事都像是自己一手造成的后果。实际上，这说明他们在遇到负面事件时的归因更倾向于内部归因，可能是外部的家校环境施加给他们的压力，也可能是家长和教师们对他们在学习活动上的控制与干预所带来的影响，还有可能是他们自己性格方面的原因。具体来说，就是他们所受到的言语上的诘问、批评过多，写检讨写得过于麻木，自我评价的标准过于单一，自尊心过强导致的内心太脆弱等一些因素共同的作用，才导致了他们思考和面对问题的时候总是走低的。这里说的走低是指自我力量的削弱，就是无能为力的一种状态，这种熟悉的无助感，可能唤醒了同学们在被长辈们批评、被教师们批评和被同学们嘲笑时候的那种负面情绪体验，而这种体验可能会慢慢蔓延他们的整个内心世界。所以在课堂讨论的时候，有些旁观者会发现某些围坐成小圈的学生都疲软了，这也是当下一种值得进行深入研究的课堂现象。

这个时候教师要敏锐地发现这种现象，有必要的时候还要进行澄清，澄清的时候，教师在表达的过程中需要向学生传达一些重要的观念，即我们当下的选择和境遇，都是为自己今后的整个人生服务的，这里面涵盖了与自身有关的所有事情，不仅仅是学习方面，还涉及以后的生活、工作、婚姻等方面一系列重要的选择。而且在生活中，我们肯定会遇到自己无能为力的、任凭如何努力都暂时无法做到的一些事情，但这不代表我们永远也做不到，也不代表这个决定或者这个无能为力的状态会影响到我们整个人生的走向。如果能提升同学们独立思考和自主选择的能力，那么他们对自己内心的掌控感会增强许多。

将同学们的注意力从表格上那些做不到的部分移开，转向那些已经有所发展的擅长的方面，换个角度思考，这种无能为力的感觉，其实也是他们对自身能力的一种知觉。其中内心力量强大一些的人，已经能够把这种知觉当作自己成长的张力；而那些内心力量弱一些的同学，可能会沉浸在习得性无助这样一种负面情绪的循环体验之中，其中有的甚至已经放弃了对困难的抵抗，“破罐子破摔”说的就是这样的状态。所以，生涯规划教育旨在让还有动力的人更有希望地前行，让已经是习得性无助的人慢慢找到对自己人生的掌控感，这可能就是一个找到自我认同的过程。由此可以想到，在生涯规划教育中，这种启蒙的自我认知和自我肯定是非常重要的，这是从心理健康教育中自我意识的角度出发，落地于生涯规划教育中的能力的培养。

不听天由命，这就是生涯规划教育课堂要传达给学生的信念。当这种不听天由命的信念落实到行动中时，可能还会受到一定的阻碍。具体来说，在生涯规划蝴蝶模型的课堂中，同学们在听教师讲述梅西的传奇经历之时都很是投入和触动，但是梅西是高高在上的足坛巨匠，尽管我们能真切地感受到梅西在与命运抗争时候的那份坚韧不拔，但他的经历也不是常见的，他的挫折很苦、很难，他的成就很大、很耀眼，这些似乎与我们学生在日常生活中遇到的小挫折都没有太大的关系，也就没有太大的参考价值。所以，在谈我们自己的现实问题的时候，梅西的事例离我们又是那么遥远，遥远得有点失真，宛如这中间隔着一条又宽又深的长河，梅西等那些经历过大苦大难的著名人物在彼岸，我们不借助船只或者桥梁是压根过不去的。当这些光彩照人的励志故事变成同学们行事的参照标准的时候，他们的内心就可能会承受着巨大的压力。

有时候在学校的思想政治课或者心理健康课上，当教师对名人励志故事把握得不够准确时，就可能会对学生造成这方面的压力。比如说，有时候教师会讲一些比较悲惨的励志故事，讲述某个人通过忍受了常人难以忍受的痛苦，然后在困境中摸爬滚打，最后拥有今日的地位和成就的故事。在这个过程中，人物的精神和品格被升华了，变得纯洁而神圣，但是教师往往忽视了另一个方面的工作，即让这些学生能充满信心地、不带道德包袱地、轻松愉悦地和心甘情愿地去勇于对抗困境。这才是我们在课堂上用励志故事进行榜样教育时想要实现的效果，不然就会每进行一次榜样教育，就会增加同学们的一份习得性无助。